I0235381

TUSCULUM-BÜCHEREI

Herausgeber Dr. Hans Färber und Dr. Max Faltner

HERO UND LEANDER

MUSAIOS

und die weiteren antiken Zeugnisse

Gesammelt und übersetzt von

HANS FÄRBER

ERNST HEIMERAN VERLAG · MÜNCHEN

PATRI SEMPER ADIUTORI

Titelbild: Kupfermünze von Abydos
1. Auflage. 1961. 310 - Printed in German
Gesamtherstellung
Buchdruckerei AG Passavia, Passau

Μουσαίου Γραμματικοῦ

Τὰ καθ᾽ Ἡρὼ καὶ Λέανδρον

MUSAIOS

HERO UND LEANDER

Εἰπέ, θεά, κρυφίων ἐπιμάρτυρα λύχνον Ἐρώτων
καὶ νύχιον πλωτῆρα θαλασσοπόρων ὑμεναίων
καὶ γάμον ἀχλυόεντα, τὸν οὐκ ἴδεν ἄφθιτος Ἠώς,
καὶ Σηστὸν καὶ Ἄβυδον, ὅπη γάμον ἔννυχον Ἡροῦς
νηχόμενόν τε Λέανδρον ὁμοῦ καὶ λύχνον ἀκούω,   5
λύχνον ἀπαγγέλλοντα διακτορίην Ἀφροδίτης,
Ἡροῦς νυκτιγάμοιο γαμοστόλον ἀγγελιώτην,
λύχνον, Ἔρωτος ἄγαλμα· τὸν ὤφελεν αἰθέριος Ζεὺς
ἐννύχιον μετ' ἄεθλον ἄγειν ἐς ὁμήγυριν ἄστρων
καί μιν ἐπικλῆσαι νυμφοστόλον ἄστρον Ἐρώτων,   10
ὅττι πέλεν συνέριθος ἐρωμανέων ὀδυνάων,
ἀγγελίην δ' ἐφύλαξεν ἀκοιμήτων ὑμεναίων,
πρὶν χαλεπαῖς πνοιῇσιν ἀήμεναι ἐχθρὸν ἀήτην.
ἀλλ' ἄγε μοι μέλποντι μίαν συνάειδε τελευτὴν
λύχνου σβεννυμένοιο καὶ ὀλλυμένοιο Λεάνδρου.   15

Σηστὸς ἔην καὶ Ἄβυδος ἐναντίον ἐγγύθι πόντου.
γείτονές εἰσι πόληες. Ἔρως δ' ἑὰ τόξα τιταίνων
ἀμφοτέραις πολίεσσιν ἕνα ξύνωσεν ὀιστόν
ἠίθεον φλέξας καὶ παρθένον. οὔνομα δ' αὐτῶν
ἱμερόεις τε Λέανδρος ἔην καὶ παρθένος Ἡρώ.   20
ἡ μὲν Σηστὸν ἔναιεν, ὁ δὲ πτολίεθρον Ἀβύδου,
ἀμφοτέρων πολίων περικαλλέες ἀστέρες ἄμφω,
εἴκελοι ἀλλήλοισι. σὺ δ', εἴ ποτε κεῖθι περήσεις,
δίζεό μοί τινα πύργον, ὅπη ποτὲ Σηστιὰς Ἡρὼ
ἵστατο λύχνον ἔχουσα καὶ ἡγεμόνευε Λεάνδρῳ·   25

Singe, Göttin, die Mär von der Leuchte, heimlicher Liebe
Zeugin, vom Schwimmer des Nachts, der um Minne die Wogen durchquerte,
von dem Dunkel des Bunds, den die ewige Eos nicht schaute,
auch von Abydos und Sestos, wo Heros Vermählung zur Nachtzeit,
wo auch Leanders Schwimmkunst zugleich und die Leuchte mir aufklingt,
Aphrodites geleitverheißende Botin, die Leuchte,
Heros Hochzeitsladerin auch zu nächtlicher Ehe,
Leuchte, des Eros Prunkstück! Die sollte, hochthronend im Äther,
Zeus nach dem nächtlichen Ringen dem Kreis der Gestirne gesellen
und brautführenden Stern verlangender Liebe benennen,
da an der Liebe rasender Qual sie als Helferin mitspann
und schlafloser Umarmungen Botschaft sorglich betreute,
bis sich widrig der Sturmwind erhob mit zürnendem Wehen.
Nun wohlan, besinge mit mir, dem Dichter, *ein* Ende
des erlöschenden Lichtes zugleich und des Scheidens Leanders!

Sestos lag gegenüber Abydos, nahe der Küste;
nachbarlich liegen die Städte. Da spannte Eros den Bogen,
band mit *einem* Geschoß beide Orte zusammen, entflammend
hier den Jüngling, die Jungfer dort. Der liebliche Knabe
trug den Namen Leander, das Mädchen war Hero geheißen.
Sestos bewohnte sie selbst, doch er den Flecken Abydos;
beider Orte hellstrahlende Sterne waren die beiden,
beide einander gleich. Bereisest du jemals die Gegend,
forsche mir nach einem Turm, auf den einst Hero aus Sestos
trat mit erhobener Leuchte, Leander die Pfade zu weisen;

δίζεο δ' ἀρχαίης ἀλιηχέα πορθμὸν Ἀβύδου
εἰσέτι που κλαίοντα μόρον καὶ ἔρωτα Λεάνδρου.

Ἀλλὰ πόθεν Λείανδρος Ἀβυδόθι δώματα ναίων
Ἡροῦς εἰς πόθον ἦλθε, πόθῳ δ' ἐνέδησε καὶ αὐτήν;
Ἡρὼ μὲν χαρίεσσα διοτρεφὲς αἷμα λαχοῦσα   30
Κύπριδος ἦν ἱέρεια· γάμων δ' ἀδίδακτος ἐοῦσα
πύργον ἀπὸ προγόνων παρὰ γείτονι ναῖε θαλάσσῃ,
ἄλλη Κύπρις ἄνασσα. σαοφροσύνῃ δὲ καὶ αἰδοῖ
οὐδέποτ' ἀγρομένῃσι συνωμίλησε γυναιξὶν
οὐδὲ χορὸν χαρίεντα μετήλυθεν ἥλικος ἥβης   35
μῶμον ἀλευομένη ζηλήμονα θηλυτεράων,
- καὶ γὰρ ἐπ' ἀγλαΐῃ ζηλήμονές εἰσι γυναῖκες -
ἀλλ' αἰεὶ Κυθέρειαν ἱλασκομένη Ἀφροδίτην
πολλάκι καὶ τὸν Ἔρωτα παρηγορέεσκε θυηλαῖς
μητρὶ σὺν οὐρανίῃ φλογερὴν τρομέουσα φαρέτρην.   40
ἀλλ' οὐδ' ὣς ἀλέεινε πυριπνείοντας ὀιστούς.

Δὴ γὰρ Κυπριδίη πανδήμιος ἦλθεν ἑορτή,
τὴν ἀνὰ Σηστὸν ἄγουσιν Ἀδώνιδι καὶ Κυθερείῃ.
πασσυδίῃ δ' ἔσπευδον ἐς ἱερὸν ἦμαρ ἱκέσθαι,
ὅσσοι ναιετάασκον ἀλιστεφέων σφυρὰ νήσων,   45
οἱ μὲν ἀφ' Αἱμονίης, οἱ δ' εἰναλίης ἀπὸ Κύπρου·
οὐδὲ γυνή τις ἔμιμνεν ἀνὰ πτολίεθρα Κυθήρων,
οὐ Λιβάνου θυόεντος ἐνὶ πτερύγεσσι χορεύων,
οὐδὲ περικτιόνων τις ἐλείπετο τῆμος ἑορτῆς,
οὐ Φρυγίης ναέτης, οὐ γείτονος ἀστὸς Ἀβύδου,   50
οὐδέ τις ἠιθέων φιλοπάρθενος. ἦ γὰρ ἐκεῖνοι
αἰὲν ὁμαρτήσαντες, ὅπῃ φάτις ἐστὶν ἑορτῆς,
οὐ τόσον ἀθανάτοισιν ἄγειν σπεύδουσι θυηλάς,
ὅσσον ἀγειρομένων διὰ κάλλεα παρθενικάων.
Ἡ δὲ θεῆς ἀνὰ νηὸν ἐπῴχετο παρθένος Ἡρὼ   55

frage mir auch nach dem brandenden Sund des uralten Abydos,
der wohl noch heute das Schicksal beweint und die Liebe Leanders.

Aber woher kam Leander, der fern in Abydos daheim war,
Sehnsucht nach Hero wohl an? Wie band er sie selbst wohl in Sehnsucht?
Hero, das liebliche Kind, entstammte Zeus' göttlichem Blute;
Priesterin war sie der Kypris. Noch unerfahren der Liebe,
wohnte sie, nah dem Gestade des Meers, im Wachtturm der Ahnen,
als eine zweite Gebieterin Kypris. In züchtiger Sitte
suchte sie niemals Verkehr im Kreise geselliger Frauen,
kam auch niemals zum zierlichen Reigen der Altersgenossen,
weil sie den eifernden Tadel vermied scheelsichtiger Weiber
– ist doch das Weibergezücht voller Mißgunst gegen die Schönheit;
immer obliegend dem Dienst Aphrodites, der Göttin Kytheras,
suchte sie oft auch Eros durch Opfer sich gnädig zu stimmen,
samt seiner himmlischen Mutter, aus Furcht vor dem flammenden Köcher.
Aber umsonst: auch so nicht entkam sie dem Gluthauch der Pfeile.

Denn es nahte der Kypris Fest, das in Sestos zu Ehren
des Adonis die Menge begeht und der Göttin Kytheras.
Alles strömte in Scharen herbei zum heiligen Tage,
was nur wohnt an dem Saume der meerumbrandeten Inseln,
die von Haimoniens Flur und jene vom Eilande Kypern;
nicht eine einzige Frau blieb zurück in den Städten Kytheras,
nicht, wer im Reigen sich schwingt auf des duftenden Libanon Bergwald,
kein Bewohner umliegenden Landes versäumte den Festtag,
auch aus Phrygien keiner, kein Bürger des nahen Abydos,
keiner der Jünglinge, spähend nach Mädchen; die folgen den Spuren,
dorthin eilend, wo immer von Festgetriebe die Rede,
haben so sehr nicht Eifer, Unsterblichen Opfer zu weihen,
als der versammelten Jungfrauen Liebreiz in Scharen sie anlockt.
  Hero, die Jungfrau, durchschritt der Göttin Tempelgelände;

μαρμαρυγὴν χαρίεσσαν ἀπαστράπτουσα προσώπου
οἷά τε λευκοπάρηος ἐπαντέλλουσα Σελήνη.
ἄκρα δὲ χιονέης φοινίσσετο κύκλα παρειῆς
ὡς ῥόδον ἐκ καλύκων διδυμόχροον. ἢ τάχα φαίης
Ἡροῦς ἐν μελέεσσι ῥόδων λειμῶνα φανῆναι·   60
χροιὴ γὰρ μελέων ἐρυθαίνετο, νισσομένης δὲ
καὶ ῥόδα λευκοχίτωνος ὑπὸ σφυρὰ λάμπετο κούρης.
πολλαὶ δ' ἐκ μελέων χάριτες ῥέον. οἱ δὲ παλαιοὶ
τρεῖς Χάριτας ψεύσαντο πεφυκέναι· εἷς δέ τις Ἡροῦς
ὀφθαλμὸς γελόων ἑκατὸν Χαρίτεσσι τεθήλει.   65
ἀτρεκέως ἱέρειαν ἐπάξιον εὕρατο Κύπρις.
Ὣς ἡ μὲν περὶ πολλὸν ἀριστεύουσα γυναικῶν,
Κύπριδος ἀρήτειρα, νέη διεφαίνετο Κύπρις.
δύσατο δ' ἠιθέων ἁπαλὰς φρένας οὐδέ τις αὐτῶν
ἦεν, ὃς οὐ μενέαινεν ἔχειν ὁμοδέμνιον Ἡρώ.   70
ἡ δ' ἄρα, καλλιθέμεθλον ὅπῃ κατὰ νηὸν ἀλᾶτο,
ἑσπόμενον νόον εἶχε καὶ ὄμματα καὶ φρένας ἀνδρῶν.
καί τις ἐν ἠιθέοισιν ἐθαύμασε καὶ φάτο μῦθον·
«καὶ Σπάρτης ἐπέβην, Λακεδαίμονος ἔδρακον ἄστρον,
ἧχι μόθον καὶ ἄεθλον ἀκούομεν ἀγλαϊάων·   75
τοίην δ' οὔ ποτ' ὄπωπα νέην ἰδανήν θ' ἁπαλήν τε.
ἢ τάχα Κύπρις ἔχει Χαρίτων μίαν ὁπλοτεράων.
παπταίνων ἐμόγησα, κόρον δ' οὐχ εὗρον ὀπωπῆς.
αὐτίκα τεθναίην λεχέων ἐπιβήμενος Ἡροῦς.
οὐκ ἂν ἐγὼ κατ' Ὄλυμπον ἐφιμείρω θεὸς εἶναι   80
ἡμετέρην παράκοιτιν ἔχων ἐνὶ δώμασιν Ἡρώ.
εἰ δέ μοι οὐκ ἐπέοικε τεὴν ἱέρειαν ἀφάσσειν,
τοίην μοι, Κυθέρεια, νέην παράκοιτιν ὀπάσσαις.»
τοῖα μὲν ἠιθέων τις ἐφώνεεν. ἄλλοτε δ' ἄλλος
ἕλκος ὑποκλέπτων ἐπεμήνατο κάλλεϊ κούρης.   85
    Αἰνοπαθὲς Λείανδρε, σὺ δ', ὡς ἴδες εὐκλέα κούρην,
οὐκ ἔθελες κρυφίοισι κατατρύχειν φρένα κέντροις,

blendende Schönheit entstrahlte dem Antlitz des lieblichen Mädchens,
wie wenn silberwangig der Mond am Himmel emporsteigt.
Rot überhauchte das Rund ihrer schneeigen Wangen; so leuchtet
zwiefarbig schimmernd die Rose hervor aus dem Kelche, du möchtest
meinen, auf Heros Gliedern erblühe die Aue voll Rosen.
Rötlicher Schimmer umfloß die Gestalt; es glänzten im Schreiten
unten am weißen Gewande des Mädchens die Rosen der Knöchel.
Anmut in Fülle entströmte dem Leibe. Da logen die Alten,
die der Grazien drei nur wähnten: ein Auge der Hero,
lächelnd ließ es der Grazien hundert auf einmal erstehen.
Eine würdige Priesterin fand sich da Kypris wahrhaftig.

Also weitaus die erste und schönste unter den Frauen,
Kypris' Priesterin nur, erschien sie als andere Kypris.
Tief traf sie in die wehrlosen Herzen der Jünglinge; keiner
war, der Hero nicht sehnlichst begehrte zur Lagergenossin.
Wo sie nur immer erschien im schöngegründeten Tempel,
hielt sie gebannt das Sinnen, die Augen, die Herzen der Männer.
Mancher unter den Jünglingen sprach bewundernd die Worte:
«Sparta suchte ich auf, ich schaute den Stern Lakedaimons,
wo um der Schönheit Preis, wie wir hören, sie eifern im Wettstreit:
solch ein Mädchen gewahrte ich nie, so zart und so lieblich.
Wohl der Grazien eine, der jungen, erkor sich da Kypris.
Müde zwar ward mir das Auge, doch konnt' ich mit nichten mich satt sehn.
Stürb' ich doch gerne sofort, wenn ich Heros Lager bestiegen.
Keineswegs wünschte ein Gott ich zu sein auf dem hohen Olympos,
hätte ich Hero zuhause bei mir als meine Gemahlin.
Ist es mir aber verwehrt deine Priesterin je zu umfangen,
dann, Kythereia, gib mir ihr gleich eine junge Genossin!»
Solches rief mancher der Jünglinge aus; ein anderer wieder
barg, durch des Mädchens Schönheit von Sinnen, im stillen die Wunde.

Schicksalsgeschlagener Leander, als du die gepriesene Magd sahst,
wolltest du nicht mit heimlichen Stacheln dein Herze verwunden,

ἀλλὰ πυριβλήτοισι δαμεὶς ἀδόκητον ὀιστοῖς
οὐκ ἔθελες ζώειν περικαλλέος ἄμμορος Ἡροῦς.
σὺν βλεφάρων δ' ἀκτῖσιν ἀέξετο πυρσὸς Ἐρώτων   90
καὶ κραδίη πάφλαζεν ἀνικήτου πυρὸς ὁρμῇ.
κάλλος γὰρ περίπυστον ἀμωμήτοιο γυναικὸς
ὀξύτερον μερόπεσσι πέλει πτερόεντος ὀιστοῦ.
ὀφθαλμὸς δ' ὁδός ἐστιν· ἀπ' ὀφθαλμοῖο βολάων
κάλλος ὀλισθαίνει καὶ ἐπὶ φρένας ἀνδρὸς ὁδεύει.   95
εἷλε δέ μιν τότε θάμβος, ἀναιδείη, τρόμος, αἰδώς.
ἔτρεμε μὲν κραδίην, αἰδὼς δέ μιν εἶχεν ἁλῶναι
θάμβεε δ' εἶδος ἄριστον, ἔρως δ' ἀπενόσφισεν αἰδῶ.
θαρσαλέως δ' ὑπ' ἔρωτος ἀναιδείην ἀγαπάζων
ἠρέμα ποσσὶν ἔβαινε καὶ ἀντίος ἵστατο κούρης.   100
λοξὰ δ' ὀπιπεύων δολερὰς ἐλέλιζεν ὀπωπὰς
νεύμασιν ἀφθόγγοισι παραπλάζων φρένα κούρης.
αὐτὴ δ', ὡς συνέηκε πόθον δολόεντα Λεάνδρου,
χαῖρεν ἐπ' ἀγλαΐησιν· ἐν ἡσυχίῃ δὲ καὶ αὐτὴ
πολλάκις ἱμερόεσσαν ἑὴν ἐπέκυψεν ὀπωπὴν   105
νεύμασι λαθριδίοισιν ἐπαγγέλλουσα Λεάνδρῳ
καὶ πάλιν ἀντέκλινεν. ὁ δ' ἔνδοθι θυμὸν ἰάνθη,
ὅττι πόθον συνέηκε καὶ οὐκ ἀπεσείσατο κούρη.
Ὄφρα μὲν οὖν Λείανδρος ἐδίζετο λάθριον ὥρην,
φέγγος ἀναστείλασα κατῆιεν εἰς δύσιν Ἠώς,   110
ἐκ περάτης δ' ἀνέτελλε βαθύσκιος Ἕσπερος ἀστήρ.
αὐτὰρ ὁ θαρσαλέως μετεκίαθεν ἐγγύθι κούρης,
ὡς ἴδε κυανόπεπλον ἐπιθρώσκουσαν ὀμίχλην.
ἠρέμα δὲ θλίβων ῥοδοειδέα δάκτυλα κούρης
βυσσόθεν ἐστενάχιζεν ἀθέσφατον. ἡ δὲ σιωπῇ   115
οἷά τε χωομένη ῥοδέην ἐξέσπασε χεῖρα.
ὡς δ' ἐρατῆς ἐνόησε χαλίφρονα νεύματα κούρης,
θαρσαλέῃ παλάμῃ πολυδαίδαλον εἷλκε χιτῶνα
ἔσχατα τιμήεντος ἄγων ἐπὶ κεύθεα νηοῦ.

sondern, unversehens bewältigt von glühenden Pfeilen,
gabst du viel eher dein Leben dahin als die bildschöne Hero.
Brennend mehrte der Augen Strahlen die Gluten der Liebe
und es wallte das Herz vom unbändigen Ansturm des Feuers.
Denn eines unbescholtenen Weibes gepriesene Schönheit
trifft die Sterblichen schärfer ins Herz als gefiederte Pfeile.
Über das Aug' führt die Bahn; wenn der Reiz das Auge getroffen,
gleitet tief er hinein auf dem Wege zum Herzen des Mannes.
Ihn ergriff da Staunen und Kühnheit, Beben, Beschämung:
zagend schlug ihm das Herz, er schämte sich, daß er erlegen;
ihre Schönheit bestaunt' er, Bedenken verdrängte die Liebe.
Dreist von der Sehnsucht getrieben, entschloß er sich endlich zur Keckheit,
schritt leisen Fußes heran und vertrat dem Mädchen die Wege.
Aus den Winkeln warf er ihr zu verstohlene Blicke
und betörte des Mägdleins Herz stummredend mit Nicken.
Sie aber, als sie begriffen Leanders berückendes Werben,
ward ihrer Schönheit Wirkungen froh, und, ebenfalls schweigend,
senkte sie oftmals ihm zu ihre sehnenerregenden Blicke,
die Leander Gewährung verhießen mit heimlichem Nicken;
dann wieder blickte sie seitwärts. Im Innern erglühte das Herz ihm,
daß das Mägdlein sein Werben erhörte und nicht von sich wegstieß.

   Während Leander nunmehr die heimliche Stunde ersehnte,
hatte des Tages Licht sich verdämmernd zur Neige gewendet
und der Abendstern stieg tiefschattend empor am Gesichtskreis.
Da wagte er kühnen Muts sich heran in die Nähe des Mädchens,
als er das Kommen der Nacht im schwarzen Mantel gewahrte.
Im verstohlenen drückend der Jungfrau Finger wie Rosen,
seufzt er aus tiefstem Herzen unsagbar. Sie aber, schweigend,
gleichsam als wäre sie böse, entzog die rosige Hand ihm.
Aber gewahr des nachgiebigen Winks von dem lieblichen Mägdlein,
faßte er dreisten Griffs nach dem kunstvoll gefertigten Kleide,
um sie zum innersten Winkel des hehren Tempels zu ziehen.

ὀκναλέοις δὲ πόδεσσιν ἐφέσπετο παρθένος Ἡρώ,   120
οἷά περ οὐκ ἐθέλουσα, τόσην δ' ἀνενείκατο φωνὴν
θηλυτέροις ἐπέεσσιν ἀπειλείουσα Λεάνδρῳ·
«Ξεῖνε, τί μαργαίνεις; τί με, δύσμορε, παρθένον ἕλκεις;
ἄλλην δεῦρο κέλευθον, ἐμὸν δ' ἀπόλειπε χιτῶνα.
μῆνιν ἐμῶν ἀλέεινε πολυκτεάνων γενετήρων.   125
Κύπριδος οὐκ ἐπέοικε θεῆς ἱέρειαν ἀφάσσειν,
παρθενικῆς ἐπὶ λέκτρον ἀμήχανόν ἐστιν ἱκέσθαι.»
τοῖα μὲν ἠπείλησεν ἐοικότα παρθενικῇσιν.
Θηλείης δὲ Λέανδρος ὅτ' ἔκλυεν οἶστρον ἀπειλῆς,
ἔγνω πειθομένων σημήια παρθενικάων·   130
καὶ γὰρ ὅτ' ἠιθέοισιν ἀπειλείουσι γυναῖκες,
Κυπριδίων ὀάρων αὐτάγγελοί εἰσιν ἀπειλαί.
παρθενικῆς δ' εὔοδμον εὔχροον αὐχένα κύσσας
τοῖον μῦθον ἔειπε πόθου βεβολημένος οἴστρῳ·
«Κύπρι φίλη μετὰ Κύπριν, Ἀθηναίη μετ' Ἀθήνην, 135
οὐ γὰρ ἐπιχθονίῃσιν ἴσην καλέω σε γυναιξίν,
ἀλλά σε θυγατέρεσσι Διὸς Κρονίωνος ἐίσκω,
ὄλβιος, ὅς σε φύτευσε, καὶ ὀλβίη, ἣ τέκε μήτηρ,
γαστήρ, ἥ σε λόχευσε, μακαρτάτη. ἀλλὰ λιτάων
ἡμετέρων ἐπάκουε, πόθου δ' οἴκτειρον ἀνάγκην.   140
Κύπριδος ὡς ἱέρεια μετέρχεο Κύπριδος ἔργα·
δεῦρ' ἴθι, μυστιπόλευε γαμήλια θεσμὰ θεαίνης.
παρθένον οὐκ ἐπέοικεν ὑποδρήσσειν Κυθερείῃ,
παρθενικαῖς οὐ Κύπρις ἰαίνεται. ἢν δ' ἐθελήσῃς
θεσμὰ θεῆς ἐρόεντα καὶ ὄργια κεδνὰ δαῆναι,   145
ἔστι γάμος καὶ λέκτρα. σὺ δ', εἰ φιλέεις Ἀφροδίτην,
θελξινόων ἀγάπαζε μελίφρονα θεσμὸν Ἐρώτων.
σὸν δ' ἱκέτην με κόμιζε καί, ἢν ἐθέλῃς, παρακοίτην,
τόν σοι Ἔρως ἤγρευσεν ἑοῖς βελέεσσι κιχήσας,
ὡς θρασὺν Ἡρακλῆα θοὸς χρυσόρραπις Ἑρμῆς   150
θητεύειν ἐκόμισσεν Ἰαρδανίῃ ποτὲ νύμφῃ.

Zaghaften Schrittes nur folgte ihm nach die jungfräuliche Hero,
gleich, als wollte sie nicht, und so erhob sie die Stimme;
ganz nach der Mädchen Art, so schalt sie den Jüngling Leander:

«Fremder, bist du verrückt? Wohin, Elender, zerrst du mich Mädchen?
Geh deines Wegs und nimm deine Hand von meinem Gewande!
Daß nur der Zorn dich nicht trifft meiner reich begüterten Eltern!
Kypris' Priesterin dreist zu berühren geziemt sich dir nimmer,
vollends ist es undenkbar mein jungfräulich Bett zu besteigen.»
Also drohte sie ihm, wie sittsame Mädchen es pflegen.

Als Leander den Stachel der Drohung der Jungfrau vernommen,
sah er darin nur das Zeichen, daß gerne das Mädchen sich füge;
denn, wenn immer nur Frauen die Jünglinge drohend verwarnen,
ist die Drohung das sichere Vorspiel des Liebesgeflüsters.
Aber der Jungfrau Nacken, den schimmernden, duftenden, küssend,
sprach er, getroffen vom Stachel der Sehnsucht, folgende Worte:

«Kypris du mir nach Kypris, Athene nach der Athene –
denn nicht nenn' ich dich gleich den erdgeborenen Frauen,
nur den Töchtern des Zeus Kronion bist du vergleichbar;
selig, wer dich gezeugt, und selig, wer dich geboren,
gebenedeit der Schoß, der dich barg! Du aber, erhöre
huldvoll mein inbrünstig Flehn', erbarm dich des Zwangs meines Sehnens!
Kypris' Priesterin bist du: obliege den Werken der Kypris;
komm und weihe mich ein in die Hochzeitsbräuche der Gottheit!
Nicht geziemt einer Jungfrau, der Göttin Kytheras zu dienen;
Jungfernschaft freut Kypris mit nichten! Verlangst du nach Wissen
um deiner Göttin Liebesgebot und heilige Bräuche:
Ehe sind sie und Bett! Drum, wenn Aphrodite dir wert ist,
füge dich in das süße Gesetz sinnwirrender Liebe!
Nimm mich als Schützling denn an, und, wenn du es wünschest, als Gatten,
den dir Eros erjagte, ihn treffend mit seinen Geschossen,
wie den verwegenen Herakles einst der hurtige Hermes,
Träger des goldenen Stabs, der Iardanostochter verdingte –

σοὶ δέ με Κύπρις ἔπεμψε καὶ οὐ σοφὸς ἤγαγεν Ἑρμῆς.
παρθένος οὔ σε λέληθεν ἀπ' Ἀρκαδίης Ἀταλάντῃ,
ἥ ποτε Μειλανίωνος ἐρασσαμένου φύγεν εὐνὴν
παρθενίης ἀλέγουσα· χολωομένης δ' Ἀφροδίτης,   155
τὸν πάρος οὐκ ἐπόθησεν, ἐνὶ κραδίῃ θέτο πάσῃ.
πείθεο καὶ σύ, φίλη, μὴ Κύπριδι μῆνιν ἐγείρῃς.»
ὣς εἰπὼν παρέπεισεν ἀναινομένης φρένα κούρης
θυμὸν ἐρωτοτόκοισι παραπλάγξας ἐνὶ μύθοις.
Παρθενικὴ δ' ἄφθογγος ἐπὶ χθόνα πῆξεν ὀπωπὴν   160
αἰδοῖ ἐρευθιόωσαν ὑποκλέπτουσα παρειὴν
καὶ χθονὸς ἔξεεν ἄκρον ὑπ' ἴχνεσιν, αἰδομένη δὲ
πολλάκις ἀμφ' ὤμοισιν ἑὸν συνέεργε χιτῶνα.
πειθοῦς γὰρ τάδε πάντα προάγγελα· παρθενικῆς δὲ
πειθομένης ποτὶ λέκτρον ὑπόσχεσίς ἐστι σιωπή.   165
ἤδη δὲ γλυκύπικρον ἐδέξατο κέντρον Ἐρώτων.
θέρμετο δὲ κραδίην γλυκερῷ πυρὶ παρθένος Ἡρώ,
κάλλεϊ δ' ἱμερόεντος ἀνεπτοίητο Λεάνδρου.
ὄφρα μὲν οὖν ποτὶ γαῖαν ἔχεν νεύουσαν ὀπωπήν,
τόφρα δὲ καὶ Λείανδρος ἐρωμανέεσσι προσώποις   170
οὐ κάμεν εἰσορόων ἁπαλόχροον αὐχένα κούρης.
ὀψὲ δὲ Λειάνδρῳ γλυκερὴν ἀνενείκατο φωνὴν
αἰδοῦς ὑγρὸν ἔρευθος ἀποστάζουσα προσώπου·
«Ξεῖνε, τεοῖς ἐπέεσσι τάχ' ἂν καὶ πέτρον ὀρίναις.
τίς σε πολυπλανέων ἐπέων ἐδίδαξε κελεύθους;   175
ὤμοι, τίς σε κόμισσεν ἐμὴν εἰς πατρίδα γαῖαν·
ταῦτα δὲ πάντα μάτην ἐφθέγξαο. πῶς γὰρ ἀλήτης,
ξεῖνος ἐὼν καὶ ἄπιστος, ἐμοὶ φιλότητι μιγείης;
ἀμφαδὸν οὐ δυνάμεσθα γάμοις ὁσίοισι πελάσσαι·
οὐ γὰρ ἐμοῖς τοκέεσσιν ἐπεύαδεν. ἢν δ' ἐθελήσῃς   180
ὡς ξεῖνος πολύφοιτος ἐμὴν εἰς πατρίδα μίμνειν,
οὐ δύνασαι σκοτόεσσαν ὑποκλέπτειν Ἀφροδίτην.
γλῶσσα γὰρ ἀνθρώπων φιλοκέρτομος· ἐν δὲ σιωπῇ

nur daß mich Kypris dir sandte und nicht der verschlagene Hermes.
Ist dir doch wohl Atalante bekannt, das Arkadermädchen,
welche dereinst des Milanion Bett, des verliebten, zurückstieß,
um ihr Magdtum besorgt: da entbrannte in Zorn Aphrodite,
und der Mann, den sie vorher verschmähte, lag nun ihr im Herzen.
Füge dich du auch, Geliebte, nicht Kypris' Zürnen zu wecken!
Also sprechend betört' er das Herz des sich sträubenden Mädchens,
da er den Willen berückte in liebeentflammenden Reden.

Sprachlos, senkte die züchtige Jungfrau die Augen zur Erde,
schamvoll versuchend, zu bergen das glühende Rot ihrer Wangen;
über den Estrich hin spielte das Füßchen, und, sittsam verlegen,
nestelte immer aufs neu sie das Kleid um die Schulter zusammen.
Vorbote ist all dies der Erhörung; denn das Verstummen
ist die Verheißung dafür, daß die Jungfrau folgt auf das Brautbett.
Schon empfand sie der Liebe Dorn, den bitterlich-süßen;
wonniges Feuer entbrannte der Jungfrau Hero im Herzen,
völlig dem Zauber verfallen des anmutreichen Leander.
Während sie nieder zur Erde die schüchternen Augen gesenkt hielt,
ward Leander nicht müde, mit liebestrunkenem Blicke
immer aufs neue zu schauen den zarten Nacken des Mädchens.
Endlich erhob sie jedoch zu Leander süßklingend die Stimme,
Tränen der Scham benetzten dabei die glühenden Wangen:
»Fremder, Steine versetzen könntest du wohl mit betörenden Worten.
Wer nun brachte dir bei die Pfade berückender Rede?
Wehe, wer wies dich hieher zu mir in das Land meiner Väter!
All dein Gerede ist fruchtlos! Wie könntest je du, ein Flüchtling,
fremd und ohne Verlaß, dich mir in Liebe vermählen?
Öffentlich können wir nicht in heiliger Ehe uns nahen;
meinen Eltern taugte dies nicht. Falls du aber wünschtest,
als ein weitgewanderter Gast hier im Lande zu weilen,
nimmer vermöchtest du doch unsre Liebe im Dunkel zu bergen.
Lästert doch gerne der Menschen Zunge. Was einer im stillen

ἔργον ὅ περ τελέει τις, ἐνὶ τριόδοισιν ἀκούει.
εἰπὲ δέ, μὴ κρύψῃς, τέον οὔνομα καὶ σέο πάτρην.   18
οὐ γὰρ ἐμόν σε λέληθεν, ἔχω δ' ὄνομα κλυτὸν Ἡρώ.
πύργος δ' ἀμφιβόητος ἐμὸς δόμος οὐρανομήκης,
ᾧ ἔνι ναιετάουσα σὺν ἀμφιπόλῳ τινὶ μούνη
Σηστιάδος πρὸ πόληος ὑπὲρ βαθυκύμονας ὄχθας
γείτονα πόντον ἔχω στυγεραῖς βουλῇσι τοκήων.   19
οὐδέ μοι ἐγγὺς ἔασιν ὁμήλικες οὐδὲ χορεῖαι
ἠιθέων παρέασιν. ἀεὶ δ' ἀνὰ νύκτα καὶ ἠῶ
ἐξ ἁλὸς ἠνεμόφωνος ἐπιβρέμει οὔασιν ἠχή.»
    Ὡς φαμένη ῥοδέην ὑπὸ φάρεϊ κρύπτε παρειὴν
ἔμπαλιν αἰδομένη, σφετέροις δ' ἐπεμέμφετο μύθοις.   19
Λείανδρος δὲ πόθου βεβολημένος ὀξέι κέντρῳ
φράζετο, πῶς κεν ἔρωτος ἀεθλεύσειεν ἀγῶνα.
ἄνδρα γὰρ αἰολόμητις Ἔρως βελέεσσι δαμάζει
καὶ πάλιν ἀνέρος ἕλκος ἀκέσσεται. οἷσι δ' ἀνάσσει,
αὐτὸς ὁ πανδαμάτωρ βουληφόρος ἐστὶ βροτοῖσιν.   200
αὐτὸς καὶ ποθέοντι τότε χραίσμησε Λεάνδρῳ.
ὀψὲ δ' ἀλαστήσας πολυμήχανον ἔννεπε μῦθον·
    «Παρθένε, σὸν δι' ἔρωτα καὶ ἄγριον οἶδμα περήσω,
εἰ πυρὶ παφλάζοιτο καὶ ἄπλοον ἔσσεται ὕδωρ.
οὐ τρομέω βαρὺ χεῖμα τεὴν μετανεύμενος εὐνήν,   20
οὐ βρόμον ἠχήεντα περιπτώσσοιμι θαλάσσης.
ἀλλ' αἰεὶ κατὰ νύκτα φορεύμενος ὑγρὸς ἀκοίτης
νήξομαι Ἑλλήσποντον ἀγάρροον. οὐχ ἕκαθεν γὰρ
ἀντία σεῖο πόληος ἔχω πτολίεθρον Ἀβύδου.
μοῦνον ἐμοὶ ἕνα λύχνον ἀπ' ἠλιβάτου σέο πύργου   210
ἐκ περάτης ἀνάφαινε κατὰ κνέφας, ὄφρα νοήσας
ἔσσομαι ὁλκὰς Ἔρωτος ἔχων σέθεν ἀστέρα λύχνον.
καὶ μιν ὀπιπεύων, οὐκ ὀψὲ δύοντα Βοώτην,
οὐ θρασὺν Ὠρίωνα καὶ ἄβροχον ὁλκὸν Ἀμάξης,
Κύπριδος ἀντιπόροιο ποτὶ γλυκὺν ὅρμον ἱκοίμην.   21

emals vollbringt – am Dreiweg bekommt er es wieder zu hören.
Nenne nun – birg ihn mir nicht – deinen Namen und auch deine Heimat.
Meiner ist dir schon bekannt: im Munde aller ist Hero,
und umtönt ragt der Turm, meine Wohnung, auf gegen Himmel,
drinnen ich hause, allein, von einer Magd nur umwartet,
weit vor den Mauern von Sestos auf wogenumbrandeter Klippe,
Nachbarin einzig der See nach verhaßter Entscheidung der Eltern.
Keine Gespielin gesellt sich mir zu, fern bleib' ich dem Reigen
fröhlicher Jugendgesellen. Nur ewig durch Nächte und Tage
trägt mir der Wind vom Meer her ans Ohr das Tosen der Brandung.»

    Sprachs, und unter dem Schleier verbarg sie die rosige Wange,
wieder verlegen; sie machte die Rede sich selber zum Vorwurf.

    Aber Leander, verwundet vom schneidenden Sporn des Verlangens,
sann, wie im Wettkampf der Liebe er siegend den Preis sich gewinne.
Denn, wo Eros in Tücke versehrt einen Mann mit den Pfeilen,
wird er die Wunde des Mannes auch heilen. Und wenn er der Herr ist,
schafft er den Sterblichen kundigen Rat, der Allesbezwinger.
Also half er auch jetzt Leanders drängendem Sehnen.
Der sprach ungeduldig die wohlberechneten Worte:

    «Mädchen, aus Liebe zu dir durchschwimm' ich die wildesten Fluten,
ob sie wie Feuer auch wallen, ein undurchschiffbar Gewässer.
Schwerste Orkane stören mich nicht, zu erschwimmen dein Lager,
noch auch fürcht' ich das Brüllen des weithin tosenden Meeres.
Immer triefend des Nachts zu dir als dein Gatte getragen,
will ich die Wirbel des Hellespont durchmessen; nicht ferne
wohne ich ja, deiner Stadt gegenüber im Markte Abydos.
Laß eine einzige Leuchte du nur vom ragenden Turme
mir von drüben das Dunkel erhellen, daß ich, sie vor Augen,
werde zu Eros' Gefährt, deiner Leuchte folgend als Leitstern.
Sie nur im Blick, nicht den Stern des Bootes, der spät erst hinabsinkt,
nicht den kühnen Orion, den Wagen, der nie in das Meer taucht,
werd' ich zum seligen Hafen der Kypris hinübergelangen.

ἀλλά, φίλη, πεφύλαξο βαρυπνείοντας ἀήτας,
μή μιν ἀποσβέσσωσι - καὶ αὐτίκα θυμὸν ὀλέσσω -
λύχνον ἐμοῦ βιότοιο φαεσφόρον ἡγεμονῆα.
εἰ ἐτεὸν δ᾽ ἐθέλεις ἐμὸν οὔνομα καὶ σὺ δαῆναι,
οὔνομά μοι Λείανδρος, ἐυστεφάνου πόσις Ἡροῦς.»   220
Ὣς οἱ μὲν κρυφίοισι γάμοις συνέθεντο μιγῆναι
καὶ νυχίην φιλότητα καὶ ἀγγελίην ὑμεναίων
λύχνου μαρτυρίῃσιν ἐπιστώσαντο φυλάσσειν,
ἡ μὲν φῶς τανύειν, ὁ δὲ κύματα μακρὰ περῆσαι.
παννυχίδας δ᾽ ὁρίσαντες ἀκοιμήτων ὑμεναίων   225
ἀλλήλων ἀέκοντες ἐνοσφίσθησαν ἀνάγκῃ.
ἡ μὲν ἔβη ποτὶ πύργον, ὁ δ᾽, ὀρφναίην ἀνὰ νύκτα
μή τι παραπλάζοιτο, λαβὼν σημήια πύργου
πλῶε βαθυκρήπιδος ἐπ᾽ εὐρέα δῆμον Ἀβύδου.
παννυχίων δ᾽ ὁράων κρυφίους ποθέοντες ἀέθλους   230
πολλάκις ἠρήσαντο μολεῖν θαλαμηπόλον ὄρφνην.

Ἤδη κυανόπεπλος ἀνέδραμε νυκτὸς ὁμίχλη
ἀνδράσιν ὕπνον ἄγουσα καὶ οὐ ποθέοντι Λεάνδρῳ.
ἀλλὰ πολυφλοίσβοιο παρ᾽ ἠιόνεσσι θαλάσσης
ἀγγελίην ἀνέμιμνε φαεινομένων ὑμεναίων   235
μαρτυρίην λύχνοιο πολυκλαύτοιο δοκεύων,
εὐνῆς δὲ κρυφίης τηλεσκόπον ἀγγελίωτην.
ὡς δ᾽ ἴδε κυανέης λιποφεγγέα νυκτὸς ὁμίχλην
Ἡρώ, λύχνον ἔφαινεν. ἀναπτομένοιο δὲ λύχνου
θυμὸν Ἔρως ἔφλεξεν ἐπειγομένοιο Λεάνδρου.   240
λύχνῳ καιομένῳ συνεκαίετο. πὰρ δὲ θαλάσσῃ
μαινομένων ῥοθίων πολυηχέα βόμβον ἀκούων
ἔτρεμε μὲν τὸ πρῶτον, ἔπειτα δὲ θάρσος ἀείρας
τοίοις οἱ προσέλεκτο παρηγορέων φρένα μύθοις·
«Δεινὸς Ἔρως καὶ πόντος ἀμείλιχος· ἀλλὰ θαλάσσης 245
ἔστιν ὕδωρ, τὸ δ᾽ Ἔρωτος ἐμὲ φλέγει ἐνδόμυχον πῦρ.

Aber, Geliebte, sei sorgsam bedacht auf tiefrauschende Stürme,
daß sie die Leuchte nicht löschen – mein Leben verlöre ich alsbald –
löschen die Leuchte, des Lebens mir lichtspendenden Leitstern!
Wünschest in Wahrheit du denn, wes Namen ich sei, zu erfahren:
bin Leander genannt, Gatte Heros, der lieblich bekränzten.«
  Also wurden sie eins, geheim sich in Liebe zu nahen,
und versprachen sich, nächtliche Wonne und Botschaft des Bundes
beide unter dem Zeugnis der Leuchte getreulich zu wahren;
sie, zu hissen das Licht, und er, durch die Wogen zu kreuzen.
Als sie so die Nächte bestimmt schlafloser Umarmung,
trennten sie sich von einander, ungern, nur dem Zwange gehorchend.
Sie schritt zu ihrem Turm, und er, daß im nächtlichen Dunkel
nicht er sich irre, erspähte das leitende Zeichen des Wachtturms
auf seiner Rückfahrt zum weiten Gebiet des tiefgründgen Abydos.
Nächtlicher Wonnen verborgene Kämpfe voll Sehnsucht begehrend,
wünschten sie oftmals herbei das brautnachtrüstende Dunkel.

  Schon stieg schwarzblaugewandet empor der nächtliche Nebel,
Sterblichen bringend den Schlaf, nur nicht dem Begehren Leanders.
Nein, am weiten Gestade des vielaufrauschenden Meeres
wartete er auf die Botschaft, die ihm die Vermählung bekunde,
nach dem Zeichen der Leuchte spähend, des Jammers Beginnen,
nach der fernblickenden Botin des heimlich verhohlenen Brautbetts.
Hero, erblickend der dunkelnden Nacht lichttilgenden Nebel,
steckte die Leuchte in Brand; sobald deren Lichtstrahl emporglomm,
zündet' auch Eros den Mut dem ungeduldigen Jüngling.
Mit der Leuchte entbrannte er selbst; doch als er am Meere
widerhallend das Tosen vernahm der rasenden Brandung,
bangte ihm freilich zuvor, dann aber faßt' er ein Herz sich,
und er redete Mut sich zu mit folgenden Worten:
  »Furchtbar ist Eros, das Meer ohne Gnade. Und doch ist das Meer nur
Wasser, indessen das Mark mir verzehrt das Feuer des Eros.

ἅζεο πῦρ, κραδίη, μὴ δείδιθι νήχυτον ὕδωρ.
δεῦρό μοι εἰς φιλότητα. τί δὴ ῥοθίων ἀλεγίζεις;
ἀγνώσσεις, ὅτι Κύπρις ἀπόσπορός ἐστι θαλάσσης;
καὶ κρατέει πόντοιο καὶ ἡμετέρων ὀδυνάων.»   250
Ὣς εἰπὼν μελέων ἐρατῶν ἀπεδύσατο πέπλα
ἀμφοτέραις παλάμῃσιν, ἑῷ δ' ἔσφιγξε καρήνῳ,
ἠιόνος δ' ἐξῶρτο, δέμας δ' ἔρριψε θαλάσσῃ.
λαμπομένου δ' ἔσπευδεν ἀεὶ κατεναντία λύχνου
αὐτὸς ἐὼν ἐρέτης, αὐτόστολος, αὐτόματος νηῦς.   255
Ἡρὼ δ' ἠλιβάτοιο φαεσφόρος ὑψόθι πύργου,
λεπταλέαις αὔρῃσιν ὅθεν πνεύσειεν ἀήτης,
φάρεϊ πολλάκι λύχνον ἐπέσκεπεν, εἰσόκε Σηστοῦ
πολλὰ καμὼν Λείανδρος ἔβη ποτὶ ναύλοχον ἀκτήν.
καί μιν ἑὸν ποτὶ πύργον ἀνήγαγεν. ἐκ δὲ θυράων   260
νυμφίον ἀσθμαίνοντα περιπτύξασα σιωπῇ
ἀφροκόμους ῥαθάμιγγας ἔτι στάζοντα θαλάσσης
ἤγαγε νυμφοκόμοιο μυχοὺς ἔπι παρθενεῶνος
καὶ χρόα πάντα κάθηρε. δέμας δ' ἔχρισεν ἐλαίῳ
εὐόδμῳ ῥοδέῳ καὶ ἀλίπνοον ἔσβεσεν ὀδμήν.   265
εἰσέτι δ' ἀσθμαίνοντα βαθυστρώτοις ἐνὶ λέκτροις
νυμφίον ἀμφιχυθεῖσα φιλήτορας ἴαχε μύθους·
«Νυμφίε, πολλὰ μόγησας, ἃ μὴ πάθε νυμφίος ἄλλος,
νυμφίε, πολλὰ μόγησας· ἅλις νύ τοι ἁλμυρὸν ὕδωρ
ὀδμή τ' ἰχθυόεσσα βαρυγδούποιο θαλάσσης.   270
δεῦρο τεοὺς ἱδρῶτας ἐμοῖς ἐνικάτθεο κόλποις.»
Ὣς ἡ μὲν παρέπεισεν. ὁ δ' αὐτίκα λύσατο μίτρην
καὶ θεσμῶν ἐπέβησαν ἀριστονόου Κυθερείης.
ἦν γάμος, ἀλλ' ἀχόρευτος· ἔην λέχος, ἀλλ' ἄτερ ὕμνων.
οὐ ζυγίην Ἥρην τις ἐπευφήμησεν ἀείδων,   275
οὐ δαΐδων ἤστραπτε σέλας θαλαμηπόλον εὐνὴν
οὐδὲ πολυσκάρθμῳ τις ἐπεσκίρτησε χορείῃ,
οὐχ ὑμέναιον ἄειδε πατὴρ καὶ πότνια μήτηρ.

cheue das Feuer, mein Herz, ohne Furcht vor dem Schwalle des Wassers!
Auf denn, hin zur Geliebten! Was kümmerst du dich um das Tosen!
Weißt du denn nicht, daß auch Kypris dem Samen des Meeres entsprossen?
Die den Fluten gebeut, gebeut auch unseren Qualen!«
   Sprachs, und streifte vom herrlichen Leibe der Kleider Umhüllung
mit beiden Händen zugleich und schnürte sie fest auf dem Haupte,
türmte vom Ufer hinweg und warf sich kühn in die Fluten.
Rastlos strebte er vorwärts, dem Leuchten des Lichtes entgegen,
Ruderer sich zugleich und Steurer, selbsttreibendes Fahrzeug.
   Hero jedoch, mit der Leuchte hochoben auf ragendem Turme,
schirmte, wo immer ein Hauch heranblies mit zartestem Wehen,
oft mit dem Schleier das Licht, bis endlich nach hartem Bemühen
zum schiffsbergenden Strande von Sestos Leander hinanstieg.
Zu ihrem Turme empor wies den Weg sie, noch in der Pforte
schlang um den heftig atmenden Liebsten stumm sie die Arme,
dem in Tropfen die Flut aus dem Haare schäumend herabrann,
führte ihn dann in die bräutliche Kammer des Mädchengemaches,
wo sie den Leib rings wusch und die Haut mit dem Öle ihm salbte,
duftend nach Rosen, so daß es den Salzhauch des Meeres verdeckte.
Auf tiefschwellendem Pfühl den um Atem noch ringenden Liebsten
hingegossen umschlingend, sprach Hero im Liebesgeflüster:
   »Liebster, viel hat dich gemüht, was kein anderer Bräutigam durchmacht,
Liebster, vielerlei Mühe! Genug nun der salzigen Seeflut
und des Fischegestanks aus dumpfaufbrausendem Meere!
Hier, mir am Busen endige du den Schweiß deiner Mühsal!«
   Also sprach sie ihm zu; er löste ihr eilends den Gürtel
und sie begannen den Brauch Kytheras, der freundlich gesinnten.
Hochzeit war's, doch kein Reigen; ein Brautbett war's, doch kein Brautlied.
Niemand pries im Gesange die Ehespenderin Hera,
nicht bestrahlte Brautfackelglanz das Bett der Vermählung,
keiner erhob den Fuß zum vielverschlungenen Brauttanz,
und den Festsegen sprach weder Vater noch würdige Mutter,

ἀλλὰ λέχος στορέσασα τελεσσιγάμοισιν ἐν ὥραις
σιγῇ παστὸν ἔπηξεν, ἐνυμφοκόμησε δ' ὀμίχλη   280
καὶ γάμος ἦν ἀπάνευθεν ἀειδομένων ὑμεναίων.
νὺξ μὲν ἔην κείνοισι γαμοστόλος οὐδέ ποτ' ἠὼς
νυμφίον εἶδε Λέανδρον ἀριγνώτοις ἐνὶ λέκτροις.
νήχετο δ' ἀντιπόροιο πάλιν ποτὶ δῆμον Ἀβύδου
ἐννυχίων ἀκόρητος ἔτι πνείων ὑμεναίων.   285
Ἡρὼ δ' ἑλκεσίπεπλος ἑοὺς λήθουσα τοκῆας
παρθένος ἡματίη, νυχίη γυνή. ἀμφότεροι δὲ
πολλάκις ἠρήσαντο κατελθέμεν εἰς δύσιν ἠῶ.
ὣς οἱ μὲν φιλότητος ὑποκλέπτοντες ἀνάγκην
κρυπταδίῃ τέρποντο μετ' ἀλλήλων Κυθερείῃ.   290

Ἀλλ' ὀλίγον ζώεσκον ἐπὶ χρόνον οὐδ' ἐπὶ δηρὸν
ἀγρύπνων ἀπόναντο πολυπλάγκτων ὑμεναίων.
ἀλλ' ὅτε παχνήεντος ἐπήλυθε χείματος ὥρη
φρικαλέας δονέουσα πολυστροφάλιγγας ἀέλλας,
βένθεα δ' ἀστήρικτα καὶ ὑγρὰ θέμεθλα θαλάσσης   295
χειμέριοι πνείοντες ἀεὶ στυφέλιζον ἀῆται
λαίλαπι μαστίζοντες ὅλην ἅλα· τυπτομένην δὲ
ἤδη νῆα μέλαιναν ἐφείλκυσε διψάδι χέρσῳ
χειμερίην καὶ ἄπιστον ἀλυσκάζων ἅλα ναύτης.
ἀλλ' οὐ χειμερίης σε φόβος κατέρυκε θαλάσσης,   300
κατερόθυμε Λέανδρε. διακτορίη δέ σε πύργου
ἠθάδα σημαίνουσα φαεσφορίην ὑμεναίων
μαινομένης ὤτρυνεν ἀφειδήσαντα θαλάσσης
νηλειὴς καὶ ἄπιστος. ὄφελλε δὲ δύσμορος Ἡρὼ
χείματος ἱσταμένοιο μένειν ἀπάνευθε Λεάνδρου   305
μηκέτ' ἀναπτομένη μινυώριον ἀστέρα λέκτρων.
ἀλλὰ πόθος καὶ μοῖρα βιήσατο. θελγομένη δὲ
Μοιράων ἀνέφαινε καὶ οὐκέτι δαλὸν Ἐρώτων.
   Νὺξ ἦν, εὖτε μάλιστα βαρυπνείοντες ἀῆται

Schweigen nur glättete ihnen das Lager zur Stunde der Hochzeit,
fügte das Brautgemach, die Finsternis schmückte die Jungfrau,
und die Feier verlief fernab von Hochzeitsgesängen.
Nacht also deckte fortan die Vermählung, niemals traf Eos
je auf dem ruhmvoll bekannten Lager Leander als Gatten,
sondern er schwamm schon wieder hinüber zur Flur von Abydos,
nimmer gesättigt, noch immer verlangend nach nächtlicher Wonne.
Hero jedoch, im langen Gewande, war ohne der Eltern
Wissen nur Jungfrau am Tag, in der Nacht die Gemahlin. Aufs neue
sehnten die Liebenden oftmals herbei das Sinken der Sonne.
Also verstohlen den zwingenden Bund der Liebe erfüllend,
frönten im Wechselgenuß sie der heimlichen Lust Kythereas.

Aber dem Ende schon nahte ihr Leben und nicht auf die Dauer
freuten sich beide schlafloser, mit Mühen erkaufter Vermählung.
Als die Jahreszeit kam des reifumpanzerten Winters,
der mit eisigen Schauern die wirbelnden Winde herantrieb,
wühlte die haltlosen Gründe, den feuchten Boden des Meeres
Schneegestöber empor in sich wiederholenden Böen,
ganz zerpeitschend die Fluten im Wirbel. Vom Anprall zerschlagen
hatte sein schwarzes Gefährt schon längst auf das trockene Gestade
sicher der Seemann gezogen, mißtrauend der treulosen Sturmflut.
Dich jedoch hielt nicht Angst zurück vor dem Meere im Winter,
kühnen Sinnes, Leander! Geleitender Anruf vom Turme,
der mit gewohntem Erleuchten dich wies zur Liebesumarmung,
riß dich bedenkenlos fort in das Rasen des tosenden Meeres,
ohne Mitleid und ohne Verlaß. Unselige Hero,
hätte sie doch Leanders entsagt beim Eintritt des Winters,
nicht mehr entfacht den vergänglichen Leitstern ihrer Vermählung!
Aber Verlangen und Schicksal erzwangen es; ihnen verfallen,
steckte sie aus des Geschickes Fackel, nicht mehr der Liebe.
Nacht war es schon, da am meisten mit tiefem Heulen die Stürme

χειμερίαις πνοιῇσιν ἀκοντίζοντες ἰωὰς   310
ἀθρόον ἐμπίπτουσιν ἐπὶ ῥηγμῖνι θαλάσσης.
καὶ τότε δὴ Λείανδρος ἐθήμονος ἐλπίδι νύμφης
δυσκελάδων πεφόρητο θαλασσαίων ἐπὶ νώτων.
ἤδη κύματι κῦμα κυλίνδετο, σύγχυτο δ' ὕδωρ,
αἰθέρι μίσγετο πόντος, ἀνέγρετο πάντοθεν ἠχὴ   315
μαρναμένων ἀνέμων. Ζεφύρῳ δ' ἀντέπνεεν εὖρος
καὶ νότος εἰς βορέην μεγάλας ἐφέηκεν ἀπειλάς·
καὶ κτύπος ἦν ἀλίαστος ἐρισμάραγοιο θαλάσσης.
αἰνοπαθὴς δὲ Λέανδρος ἀκηλήτοις ἐνὶ δίναις
πολλάκι μὲν λιτάνευε θαλασσαίην Ἀφροδίτην,   320
πολλάκι δ' αὐτὸν ἄνακτα Ποσειδάωνα θαλάσσης,
Ἀτθίδος οὐ βορέην ἀμνήμονα κάλλιπε νύμφης.
ἀλλά οἱ οὔ τις ἄρηγεν, Ἔρως δ' οὐκ ἤρκεσε Μοίρας.
πάντοθι δ' ἀγρομένοιο δυσάντεϊ κύματος ὁλκῷ
τυπτόμενος πεφόρητο. ποδῶν δὲ οἱ ὤκλασεν ὁρμὴ   325
καὶ σθένος ἦν ἀνόνητον ἀκοιμήτων παλαμάων.
πολλὴ δ' αὐτόματος χύσις ὕδατος ἔρρεε λαιμῷ
καὶ ποτὸν ἀχρήιστον ἀμαιμακέτου πίεν ἅλμης.
καὶ δὴ λύχνον ἄπιστον ἀπέσβεσε πικρὸς ἀήτης
καὶ ψυχὴν καὶ ἔρωτα πολυτλήτοιο Λεάνδρου.   330
Ἡ δ' ἔτι δηθύνοντος ἐπαγρύπνοισιν ὀπωπαῖς   333
ἵστατο κυμαίνουσα πολυκλαύτοισι μερίμναις.
ἤλυθε δ' ἠριγένεια καὶ οὐκ ἴδε νυμφίον Ἡρώ.   335
πάντοθι δ' ὄμμα τίταινεν ἐς εὐρέα νῶτα θαλάσσης,
εἴ που ἐσαθρήσειεν ἀλώόμενον παρακοίτην
λύχνου σβεννυμένοιο. παρὰ κρηπῖδα δὲ πύργου
δρυπτόμενον σπιλάδεσσιν ὅτ' ἔδρακε νεκρὸν ἀκοίτην,
δαιδαλέον ῥήξασα περὶ στήθεσσι χιτῶνα   340
ῥοιζηδὸν προκάρηνος ἀπ' ἠλιβάτου πέσε πύργου.
καδ δ' Ἡρὼ τέθνηκε σὺν ὀλλυμένῳ παρακοίτῃ.
ἀλλήλων δ' ἀπόναντο καὶ ἐν πυμάτῳ περ ὀλέθρῳ.

winterlich-eisige Schauer, hinpfeifend, wie Speere verschießen
und, ihre Kräfte vereint, auf die Brandung des Meeres sich stürzen.
Aber auch jetzt noch, wie sonst, in Erwartung der Braut, trieb Leander
hoch auf den Kämmen der tosenden Flut. Es wälzte sich Woge
schäumend auf Woge heran, es rauschten die Wasser zusammen;
Himmel und Meer wurden eins, von allen Seiten erkrachte
ringender Stürme Getös. Der West schnob gegen den Ostwind
und der Südwind erhob gegen Nord sein furchtbares Dräuen;
in unaufhörlichem Tosen entlud sich laut donnernd die Salzflut.
Elend von Nöten bedrängt in unerbitterlichen Wirbeln,
sandte sein brünstig Gebet Leander zur Herrin des Meeres,
zu Aphrodite, empor, zu Poseidon, dem Wogenbezwinger,
ließ auch nicht Boreas ungemahnt an die attische Jungfrau.
Doch es stand keiner ihm bei, nicht wehrte selbst Eros dem Schicksal.
Ringsum gepeitscht von dem widrigen Sog der vereinigten Wogen,
trieb er dahin; es war schon die Stoßkraft der Beine gebrochen,
auch versagte der Antrieb der pausenlos rudernden Hände.
Wasser ergoß sich von selbst in die Kehle mit reichlichem Schwalle,
unerquickt verschlang er den Trunk der tötlichen Salzflut.
Da: es löschte ein grausamer Windstoß die treulose Leuchte
und das Leben zugleich und die Liebe des Dulders Leander!
   Sie aber stand noch, mit schlaflosem Blick nach dem weilenden Jüngling
spähend, im Herzen durchschauert von oft aufstöhnendem Bangen.
Auf dämmert endlich der Morgen, doch Hero erblickt keinen Gatten.
Ringsum den breiten Rücken des Meeres betastet ihr Auge,
ob es den Bräutigam noch irgendwo auf der Irrfahrt entdecke,
war doch die Leuchte erloschen. – Als Hero zu Füßen des Turmes
auf den Klippen zerschunden des Gatten Leichnam erschaute,
da zerriß sie am Busen die kunstvoll gestickte Gewandung,
warf sich kopfüber schwirrend herab von der Steile des Turmes
und lag so im Sterben vereint dem Geliebten zur Seite.
Also erfreuten einander sie noch in der Stunde des Todes.

WEITERE ZEUGNISSE

```
                          ]δη [.] ϑλον ελ[.].ο[
                    ]ευσητε γενοισϑε δε τυφ[
                    ]αχινος καταδυνεομενον[
                    lΛαανδρον ιδιν μονον ηνδα[
                    lντιαα[.]ς παλιν Ε[.]περε λαϑρ[
                      lνδρε και αστ[ . . . .] ιππευ[
                        ]ει νυξ ουρανος ηελιο[
                    ] . . .ους οπλεισ[.] εαι εν περ[
                      lε Λαανδρε [ . ]ετηκε γαρ α[
                    lεϑων τ[ . ]λεσκοπος ειπε[
```

2. STRABON

Γεωγραφικῶν ιγ´

"Αβυδος δὲ Μιλησίων ἐστι κτίσμα. . . . . .ἐπίκειται δὲ τῷ στόματι τῆς Προποντίδος καὶ τοῦ Ἑλλησπόντου. . . . . ἐνταῦθα δ' ἐστὶ τὸ ἑπταστάδιον, ὅπερ ἔζευξε Ξέρξης, τὸ διορίζον τὴν Εὐρώπην καὶ τὴν Ἀσίαν . . . . Σηστὸς δὲ ἀρίστη τῶν ἐν Χερρονήσῳ πόλεων. . . . . ἡ μὲν οὖν "Αβυδος καὶ ἡ Σηστὸς διέχουσιν ἀλλήλων τριάκοντά που σταδίους ἐκ λιμένος εἰς λιμένα. . . . . ἔστι δὲ ἡ Σηστὸς ἐνδοτέρω κατὰ τὴν Προποντίδα ὑπερδέξιος τοῦ ῥοῦ τοῦ ἐξ αὐτῆς· διὸ καὶ εὐπετέστερον ἐκ τῆς Σηστοῦ διαίρουσι παραλεξά- μενοι μικρὸν ἐπὶ τὸν τῆς Ἡροῦς πύργον, κἀκεῖθεν ἀφιέν- τες τὰ πλοῖα συμπράττοντος τοῦ ῥοῦ πρὸς τὴν περαίωσιν· τοῖς δὲ ἐξ Ἀβύδου περαιουμένοις παραλεκτέον ἐστὶν εἰς τἀναντία ὀκτώ που σταδίους ἐπὶ πύργον τινὰ κατ' ἀντικρὺ τῆς Σηστοῦ, ἔπειτα διαίρειν πλάγιον καὶ μὴ τελέως ἐναντίον ἔχουσι τὸν ῥοῦν. (XIII 22, 591)

1. PAPYROSFRAGMENT (1. Jhdt. n. Chr.)

. . . .
. . . möget werden aber blind (?).

schnell (?) untergehend . . .

den Leander zu sehen nur gefiel (?) . . .

. . . wieder, o Abendstern, heimlich . . .

o Leander (?) und Sterne (?) reiten (?) . . .

. . . Nacht Himmel Sonne . . .

. . . du rüstest dich, wenn auch in . . .

. . . o Leander . . geschmolzen ist nämlich . . .

. . . . fernschauend . . .

2. STRABO (64 v. – 19 n. Chr.)

Aus ›Geographie‹ 13. Buch

Abydos ist eine Gründung von Milet aus . . . Es liegt an der Mündung der Propontis und des Hellespont . . . Hier ist die sieben Stadien breite Meerenge, über die Xerxes seine Brücke schlug; sie trennt Europa und Asien . . . Sestos ist die beste der Siedlungen auf der Chersones . . . Abydos und Sestos sind ungefähr dreißig Stadien von einander entfernt von Hafen zu Hafen . . . Sestos liegt mehr nach innen gegen die Propontis hin, oberhalb der von dorther kommenden Strömung; deswegen ist auch die Überfahrt von Sestos aus leichter, indem man ein wenig zum Turm der Hero hinabbiegt und von dort die Fahrzeuge treiben läßt; dann unterstützt die Strömung die Überfahrt. Wer aber von Abydos aus überfährt, muß in die entgegengesetzte Richtung etwa acht Stadien steuern zu einem Turm, der Sestos gegenüberliegt, dann aber schräg hindurchfahren, um die Strömung nicht ganz gegen sich zu haben.

3. P. Vergilius Maro

Georgica III

> Quid iuvenis, magnum cui versat in ossibus ignem
> durus amor? nempe abruptis turbata procellis
> nocte natat caeca serus freta; quem super ingens
> porta tonat caeli, et scopulis inlisa reclamant
> aequora; nec miseri possunt revocare parentes
> nec moritura super crudeli funere virgo.

(257-263

Servius ad Vergili Georgica

fabula talis est: Leander et Hero, Abydenus et Sestias, fuerunt
invicem se amantes. sed Leander natatu ad Hero ire consueverat
per fretum Hellespontiacum, quod Seston et Abydon civitates
interfluit. cum igitur iuvenis oppressi tempestate cadaver ad
puellam delatum fuisset, illa se praecipitavit e turri. – et aliter:
Leandri nomen occultavit, quia cognita erat fabula.

(ad georg. III 258)

4. Q. Horatius Flaccus

epistularum liber I

> Thracane vos Hebrusque nivali compede vinctus
> an freta vicinas inter currentia turris
>
> . . . . . morantur?

(3, 3-5)

Pomponii Porphyrionis commentarii in Horatium Flaccum

turres Herus et Leandri, inter Seston et Abydon medium
est Hellesponti fretum. vel ipsarum urbium turres.

(ad ep. I 3, 4)

3. VERGIL (70 – 19 v. Chr.)

Aus »Gedicht vom Landbau«

> Denk an den Jüngling, dem Liebe, die grausame, loderndes Feuer
> warf ins Gebein. So schwimmt er noch spät durch reißender Strudel
> siedend zischende Flut, sternblind die Nacht, und zu Häupten
> donnert gewaltig des Himmels Tor, es brüllen die Fluten,
> wider die Klippen gepeitscht. Nicht hält ihn jammernder Eltern
> Ruf, nicht die Maid, die stirbt über seiner zerschundenen Leiche.
>
> (J. Götte)

Dazu der Kommentar des Servius (Zeit s. Erläuterungen)

Die Geschichte lautet so: Leander und Hero aus Abydos bzw. Sestos
waren ineinander verliebt. Leander pflegte zu Hero über den Hellespont zu
schwimmen, der zwischen den Gemeinden von Abydos und Sestos fließt.
Als die Leiche des im Unwetter umgekommenen Jünglings zu dem Mädchen gespült wurde, stürzte sie sich vom Turme. – In anderer Fassung: Der
Dichter hat Leanders Namen nicht genannt, weil die Geschichte bekannt
war.

4. HORAZ (65 – 8. v. Chr.)

Aus der 3. Epistel des 1. Buches (21. v. Chr.)

> Hält etwa Thrakien euch und der Hebrus, vom Winter gefesselt,
> oder die Enge, die läuft zwischen den benachbarten Türmen,
>
> . . . . . ab von der Rückkehr?

Dazu der Kommentar des Porphyrio (3. Jhdt. n. Chr.)

Die Türme der Hero und des Leander; der Hellespont fließt mitten
zwischen Abydos und Sestos; oder die Türme der Städte selbst.

5. Antipatros von Thessalonike

Οὗτος ὁ Λειάνδροιο διάπλοος, οὗτος ὁ πόντου
  πορθμὸς ὁ μὴ μούνῳ τῷ φιλέοντι βαρύς·
ταῦθ' Ἡροῦς τὰ πάροιθεν ἐπαύλια, τοῦτο τὸ πύργου
  λείψανον· ὁ προδότης ὧδ' ἐπέκειτο λύχνος.
κοινὸς δ' ἀμφοτέρους ὅδ' ἔχει τάφος, εἰσέτι καὶ νῦν
  κείνῳ τῷ φθονερῷ μεμφομένους ἀνέμῳ.

(Anth. Pal. VII 666)

Αἰεὶ θηλυτέρῃσιν ὕδωρ κακὸν Ἑλλήσποντος,
  ξεῖνε· Κλευνίκης πεύθεο Δυρραχίδος.
πλῶε γὰρ ἐς Σηστὸν μετὰ νυμφίον· ἐν δὲ μελαίνῃ
  φορτίδι τὴν Ἕλλης μοῖραν ἀπεπλάσατο.
Ἡροῖ δειλαίη, σὺ μὲν ἀνέρα, Δηίμαχος δὲ
  νύμφην ἐν παύροις ὠλέσατε σταδίοις.

(Anth. Pal. IX 215;)

6. P. Ovidius Naso

Amores

  Saepe petens Heron iuvenis transnaverat undas;
    tum quoque transnasset, sed via caeca fuit.

(II 16, 31 f.)

Heroides

Leander Heroni

Mittit Abydenus, quam mallet ferre, salutem,
  si cadat unda maris, Sesta puella, tibi.
Si mihi di faciles et sunt in amore secundi,
  invitis oculis haec mea verba leges.
Sed non sunt faciles! nam cur mea vota morantur   5
  currere me nota nec patiuntur aqua?
Ipsa vides caelum pice nigrius et freta ventis
  turbida perque cavas vix adeunda rates.

. ANTIPATROS VON THESSALONIKE (um Chr. Geb.)

Hier schwamm Leander hindurch und hier ist die Enge des Meeres,
  die dem Verliebten den Tod brachte – und ihm nicht allein.
Hier ist Heros früheres Heim, die Trümmer des Turmes,
  drin die Lampe vordem, eine Verräterin, stand.
Beide deckt nun gemeinsam dies Grab, doch zürnen sie heut noch
  ihm, der ihnen das Glück einstens mißgönnte, dem Sturm.

(nach H. Beckby)

Stets war der Hellespont für Frauen ein böses Gewässer,
  Freund; Kleonike bezeugt's; frag nach Dyrrhachions Kind.
Denn zu dem Bräutigam fuhr sie nach Sestos; jedoch in dem dunklen
  Fahrzeug fand sie den Tod, wie ihn schon Helle erlitt.
Unglückselige Hero, wie dir den Geliebten, so raubten
  dem Deïmachos nur wenige Stadien die Braut.

(H. Beckby)

5. OVID (43 v. – um 18 n. Chr.)

Aus »Liebesgedichte«

Zu seiner Hero ist oft übers Meer der Jüngling geschwommen,
  hätte es dann auch durchquert, aber die Straße war blind.

(W. Marg)

Briefe der Leidenschaft

Leander an Hero

Grüße schickt dir der Mann aus Abydos, mein Mädchen von Sestos,
  lieber brächt' er sie selbst, sänke die Woge des Meers.
Sind die Götter mir hold und fördern sie mir meine Liebe,
  wirst du verdrossenen Blicks lesen die Worte von mir.
Aber sie sind mir nicht hold! Was verzögern sie sonst meine Wünsche,
  lassen mich nicht durch die Flut eilen, die mir so bekannt?
Schwärzer siehst du den Himmel als Pech, der Wind türmt die Wogen,
  und kein bauchiges Schiff wagt sich hinaus auf die Flut.

Unus, et hic audax, a quo tibi littera nostra
   redditur, e portu navita movit iter.   10
Ascensurus eram, nisi quod, cum vincula prorae
   solveret, in speculis omnis Abydos erat.
Non poteram celare meos, velut ante, parentes,
   quemque tegi volumus, non latuisset amor.
Protinus haec scribens «felix, i, littera!» dixi,   15
   «iam tibi formosam porriget illa manum.
Forsitan admotis etiam tangere labellis,
   rumpere dum niveo vincula dente volet.»
Talibus exiguo dictis mihi murmure verbis
   cetera cum charta dextra locuta mea est.   20
At quanto mallem, quam scriberet, illa nataret,
   meque per adsuetas sedula ferret aquas!
Aptior illa quidem placido dare verbera ponto:
   est tamen et sensus apta ministra mei.
Septima nox agitur, spatium mihi longius anno,   25
   sollicitum raucis ut mare fervet aquis.
His ego si vidi mulcentem pectora somnum
   noctibus, insani sit mora longa freti!
Rupe sedens aliqua specto tua litora tristis
   et, quo non possum corpore, mente feror.   30
Lumina quin etiam summa vigilantia turre
   aut videt aut acies nostra videre putat.
Ter mihi deposita est in sicca vestis harena,
   ter grave temptavi carpere nudus iter:
Obstitit inceptis tumidum iuvenalibus aequor,   35
   mersit et adversis ora natantis aquis.
At tu, de rapidis inmansuetissime ventis,
   quid mecum certa proelia mente geris?
In me, si nescis, Borea, non aequora, saevis.
   Quid faceres, esset ni tibi notus amor?   40

Nur dieser Schiffer allein, von dem du den Brief wirst erhalten,
　　hat es verwegen gewagt, jetzt aus dem Hafen zu gehn.
Ich wär' aufs Schiff ihm gefolgt, wär nicht beim Lichten des Ankers
　　ganz Abydos zugleich zu diesem Schauspiel geeilt.
Da ich nun nicht, wie vorher, vor den Eltern verbergen mich konnte,
　　wäre die Liebe, die wir heimlich uns wünschen, bekannt.
Als ich dies schrieb, da sprach ich: ›Geh, glückliches Briefchen!
　　Bald streckt die schöne Hand dich zu empfangen sie aus!
Ja, sie berührt dich vielleicht mit ihren Lippen und küßt dich,
　　wenn sie mit schneeweißem Zahn löst das umhüllende Band!‹
Zwiesprache hielt ich nun so mit mir, mit leisem Geflüster,
　　alles übrige sprach dir meine Hand auf dem Blatt.
Doch ich wünschte viel mehr, daß sie schwimmen als schreiben jetzt
　　daß sie durch Fluten, vertraut, eifrig mich trüge zu dir!　　[könnte,
Kann viel geschickter sie zwar die ruhigen Wellen durchstoßen,
　　schreibt sie doch treu dir auch jetzt, was ich im Innersten fühl'.
Schon ist's die siebente Nacht – eine Zeit so lang wie ein Jahr mir –,
　　daß mit der heiseren Flut wütet das brandende Meer.
Hab' ich in diesen Nächten den lindernden Schlaf je gesehen,
　　dann soll auf lange Zeit toben wie heute das Meer!
Von einem Felsen aus sehe ich traurig nach deinem Gestade
　　und, wohin mich der Leib nicht trägt, versetzt mich der Geist.
Ja, ich sehe sogar vom Turm hoch brennen die Fackel,
　　glaube zumindest, daß ich mit meinen Augen sie seh'!
Dreimal legte ich ab im trockenen Sand meine Kleider,
　　dreimal wagt' ich mich nackt auf den gefährlichen Weg:
Aber das tosende Meer stand dem Plan des Jünglings entgegen;
　　als ich zu schwimmen begann, deckten mir Wogen das Haupt.
Du aber, wildester Sturm von allen reißenden Winden,
　　warum führst du mit mir also entschlossen den Krieg?
Denn, daß du's weißt: nicht aufs Meer, Boreas, auf mich geht dein An-
　　Sag, was tätest du erst, wäre die Liebe dir fremd?　　[sturm!

Tam gelidus quod sis, num te tamen, inprobe, quondam
    ignibus Actaeis incaluisse negas?
Gaudia rapturo siquis tibi claudere vellet
    aërios aditus, quo paterere modo?
Parce, precor, facilemque move moderatius auram: 45
    imperet Hippotades sic tibi triste nihil!
Vana peto, precibusque meis obmurmurat ipse,
    quasque quatit, nulla parte coercet aquas.
Nunc daret audaces utinam mihi Daedalus alas,
    Icarium quamvis hinc prope litus abest!   50
Quidquid erit, patiar, liceat modo corpus in auras
    tollere, quod dubia saepe pependit aqua.
Interea, dum cuncta negant ventique fretumque,
    mente agito furti tempora prima mei.
Nox erat incipiens – namque est meminisse voluptas –,   55
    cum foribus patriis egrediebar amans.
Nec mora, deposito pariter cum veste timore
    iactabam liquido bracchia lenta mari.
Luna fere tremulum praebebat lumen eunti,
    ut comes in nostras officiosa vias.   60
Hanc ego suspiciens «faveas, dea candida», dixi
    «et subeant animo Latmia saxa tuo!
Non sinit Endymion te pectoris esse serveri:
    flecte, precor, vultus ad mea furta tuos.
Tu, dea, mortalem caelo delapsa petebas: 65
    vera loqui liceat: quam sequor, ipsa dea est;
neu referam mores caelesti pectore dignos;
    forma nisi in veras non cadit illa deas.
A Veneris facie non est prior ulla tuaque;
    neve meis credas vocibus, ipsa vide!   70
Quantum, cum fulges radiis argentea puris,
    concedunt flammis sidera cuncta tuis,

Denn, so kalt du auch bist: willst jetzt, Ruchloser, du leugnen,
    daß die attische Glut einstmals auch dich nicht verzehrt?

Hätte es einer gewagt, dir den Weg durch die Luft zu versperren,
    als die Geliebte du trugst – was hättest du da gesagt?

Darum sei uns gnädig, laß milder die Stürme nun wehen:
    einen so schlimmen Befehl gebe dir Aiolos nicht!

Doch ich bitte umsonst, er murrt meinen Bitten entgegen,
    zähmt mit nichten die Flut, die er im Sturme bewegt.

Daß doch ein Daidalos jetzt seine kühnen Schwingen mir liehe,
    wenn auch des Ikaros Strand gar nicht so weit von hier liegt!

Wollt' ich doch alles erdulden, könnt' hoch in die Lüfte ich steigen –
    schwebt' ich doch oftmals schon hoch auf der tückischen Flut!

Unterdes, während der Wind und das Meer mir alles verweigern,
    Überdenk' ich, wie einst heimlich die Liebe begann.

Nacht war es eben – daran zu denken ist mir noch Wollust –,
    als meines Vaters Haus liebeerfüllt ich verließ.

Ohne Verzug ließ am Strand ich zurück die Furcht mit der Kleidung
    teilte die Meeresflut langsam mit ruhigem Schlag.

Leuchtend gab mir Luna ihr zitterndes Licht auf den Weg mit,
    lieh ihre Dienste mir treu, mir als Gefährtin gesellt.

Zu ihr blickend sprach ich: »Sei gnädig, du strahlende Göttin,
    denke in deinem Sinn jetzt an den Latmischen Berg!

Daß du grausam jetzt bist, will Endymion sicher nicht dulden:
    meinem heimlichen Gang neige jetzt, Göttin, den Blick!

Du stiegst vom Himmel herab um eines Sterblichen willen:
    wahrlich, göttlich ist sie, der ich jetzt zueile, auch!

Von ihrer Art laß mich schweigen, die würdig himmlischen Herzens;
    was sie an Schönheit besitzt, haben nur Göttinnen sonst!

Denn nach Venus und dir ist keine schöner, als sie ist;
    glaubst meinen Worten du nicht – gut, dann sieh selbst sie dir an!

So, wie dann, wenn du aufgehst im Glanz deiner silbernen Strahlen,
    alle Gestirne sofort weichen dem Licht, das du bringst,

tanto formosis formosior omnibus illa est:
    si dubitas, caecum, Cynthia, lumen habes.›
Haec ego, vel certe non his diversa, locutus   75
    per mihi cedentes nocte ferebar aquas.
Unda repercussae radiabat imagine lunae,
    et nitor in tacita nocte diurnus erat;
nullaque vox usquam, nullum veniebat ad aures
    praeter dimotae corpore murmur aquae.   80
Alcyones solae, memores Ceÿcis amati,
    nescio quid visae sunt mihi dulce queri.
Iamque fatigatis umero sub utroque lacertis
    fortiter in summas erigor altus aquas.
Ut procul aspexi lumen, «meus ignis in illo est: 85
    illa meum» dixi «litora lumen habent.›
Et subito lassis vires rediere lacertis,
    visaque, quam fuerat, mollior unda mihi.
Frigora ne possim gelidi sentire profundi,
    qui calet in cupido pectore, praestat amor.   90
Quo magis accedo, propioraque litora fiunt,
    quoque minus restat, plus libet ire mihi.
Cum vero possum cerni quoque, protinus addis
    spectatrix animos, ut valeamque facis.
Nunc etiam nando dominae placuisse laboro   95
    atque oculis iacto bracchia nostra tuis.
Te tua vix prohibet nutrix descendere in altum:
    hoc quoque enim vidi, nec mihi verba dabas.
Nec tamen effecit, quamvis retinebat euntem,
    ne fieret prima pes tuus udus aqua.   100
Excipis amplexu feliciaque oscula iungis,
    oscula, di magni, trans mare digna peti;
eque tuis demptos umeris mihi tradis amictus
    et madidam siccas aequoris imbre comam.

um so viel schöner ist sie als alle die anderen Schönen:
  hegst du Zweifel daran, Kynthia, dann bist du blind!«
So oder ähnlich sprach ich bei mir, als ich während der Nacht mir
  bahnte den Weg durch die Flut, die vor den Armen mir wich.
Dazu strahlte, vom Wasser gebrochen, der Mondenschein wieder,
  hell war die schweigende Nacht wie nur der leuchtende Tag;
nirgends erklang ein Laut und einzig das Plätschern der Wellen,
  von meinem Körper geteilt, drang an das lauschende Ohr.
Einsame Eisvögel nur, des geliebten Keÿx gedenkend,
  tönten süß, wie es schien, irgendwie Trauergesang.
Als mir schon müde die Arme an beiden Schultern geworden,
  reckte ich kraftvoll mich hoch auf die Wogen empor.
Da sah fern ich ein Licht und rief: »Dort flammt mir mein Stern auf:
  dort an dem Ufer erstrahlt Licht, das für mich nur bestimmt!«
Plötzlich kehrte die Kraft in die matten Arme mir wieder,
  weicher schien als zuvor mir nun das Wasser zu sein.
Daß ich der eisigen Tiefe erstarrenden Frost nicht empfinde,
  schützt mich die Liebe, die mir glüht in verlangender Brust.
Ja, je näher ich kam, je näher die Ufer erschienen
  und je weniger blieb, trieb es mich rascher voran.
Als ich so weit dann war, daß auch du erblicken mich konntest,
  gab mir dein Blick mehr Mut, gab mir die Kraft auch dazu.
Jetzt treibt der Eifer mich an, daß mein Schwimmen der Herrin gefalle,
  kraftvoll heb' ich den Arm, als deine Augen mich sehn.
Kaum hielt die Amme dich ab, ins Meer mir entgegen zu stürzen:
  das hab' ich selbst ja gesehn, nicht deinem Wort nur geglaubt.
Hielt sie dich auch zurück, so konnte sie doch nicht verhindern,
  daß dir die seichte Flut doch noch benetzte den Fuß.
Dann umarmtest du mich und gabst mir beglückende Küsse –
  Küsse, ihr Götter, die wert, daß übers Meer man sie holt;
hingst mir um dein Gewand, von deiner Schulter genommen,
  trocknetest ab mir das Haar, das von dem Meere noch troff.

Cetera nox et nos et turris conscia novit,   105
   quodque mihi lumen per vada monstrat iter.
Non magis illius numerari gaudia noctis,
   Hellespontiaci quam maris alga potest.
Quo brevius spatium nobis ad furta dabatur,
   hoc magis est cautum, ne foret illud iners.   110
Iamque fugatura Tithoni coniuge noctem
   praevius Aurorae Lucifer ortus erat:
oscula congerimus properata sine ordine raptim
   et querimur parvas noctibus esse moras,
atque ita cunctatus monitu nutricis amaro   115
   frigida deserta litora turre peto.
Digredimur flentes, repetoque ego virginis aequor,
   respiciens dominam, dum licet, usque meam.
Siqua fides vero est: veniens hinc esse natator,
   cum redeo, videor naufragus esse mihi.   120
Hoc quoque, si credis: ad te via prona videtur,
   a te cum redeo, clivus inertis aquae.
Invitus repeto patriam: quis credere possit?
   Invitus certe nunc moror urbe mea.
Ei mihi, cur animis iuncti secernimur undis,   125
   unaque mens, tellus non habet una duos?
Vel tua me Sestus vel te mea sumat Abydos:
   tam tua terra mihi, quam tibi nostra placet.
Cur ego confundor, quotiens confunditur aequor?
   Cur mihi causa levis, ventus, obesse potest?   130
Iam nostros curvi norunt delphines amores,
   ignotum nec me piscibus esse reor.
Iam patet attritus solitarum limes aquarum,
   non aliter multa quam via pressa rota.
Quod mihi non esset nisi sic iter, ante querebar: 135
   at nunc per ventos hoc quoque deesse queror.

Aber das übrige weiß nur die Nacht und der Turm und wir beide
    und das Licht, das die Bahn über die Wogen mir zeigt!
Jener Nacht Genüsse vermag man so wenig zu zählen,
    wie man im Hellespont nimmer kann zählen den Tang.
Denn je kürzer die Zeit uns für heimliche Liebe vergönnt war,
    um so mehr gaben wir acht, daß sie nicht ungenutzt blieb!
Doch schon wollte die Nacht vor Tithonos' Gemahlin entfliehen,
    Luzifer strahlte schon hell, kam ihr als Herold voraus:
ach, da küßten wir uns überstürzt und von Eile getrieben,
    klagten, wie kurz uns doch immer die Nächte vergehn.
Und, nach diesem Verzug, von der lästigen Amme getrieben,
    eil' ich vom einsamen Turm wieder zum eisigen Strand.
Weinend trennten wir uns, dann warf ich ins Meer mich der Helle,
    blickte, solang es nur ging, nach meiner Herrin zurück.
Glaube das eine du mir: auf dem Wege zu dir schien ein Schwimmer
    ich mir zu sein, doch zurück: schiffbrüchig glaubt' ich zu sein!
Glaub' mir auch dies: zu dir schien abwärts fallend der Weg mir,
    schwamm von dir ich zurück, trägen Gewässers ein Berg!
Ungern schwimm' ich zurück zur Heimat. Wer könnte es glauben?
    Ungern – wenigstens jetzt – leb' ich in unserer Stadt!
Ach, warum trennt uns die Flut, wo im Herzen so eng wir verbunden,
    warum vereint ein Land nicht, die ein Sinn doch vereint?
Mich nehme Sestos auf oder dich meine Heimat Abydos:
    mir ist dein Land so lieb, wie dir das meine gefällt.
Warum werd' ich erregt, sooft erregt auch das Meer ist?
    Warum kann mich ein Grund hindern, so leicht, wie ein Wind?
Unsere Liebe kennen schon längst die gekrümmten Delphine,
    unbekannt glaube ich längst nicht mehr den Fischen zu sein.
Sieht in dem Wasser gebahnt, das so oft ich durchschwamm, man die Spur
    ganz so, wie sonst seine Spur eindrückt der Straße das Rad.   [doch,
Vorher beklagte ich mich, daß s o nur zu dir ich gelangte:
    jetzt, daß der Stürme Gewalt selbst diesen Weg mir verwehrt.

Fluctibus inmodicis Athamantidos aequora canent,
  vixque manet portu tuta carina suo.
Hoc mare, cum primum de virgine nomina mersa,
  quae tenet, est nanctum, tale fuisse puto. 140
Et satis amissa locus hic infamis ab Helle est,
  utque mihi parcat, nomine crimen habet.
Invideo Phrixo, quem per freta tristia tutum
  aurea lanigero vellere vexit ovis.
Nec tamen officium pecoris navisve requiro, 145
  dummodo, quas findam corpore, dentur aquae.
Arte egeo nulla: fiat modo copia nandi,
  idem navigium, navita, vector ero.
Nec sequor aut Helicen, aut, qua Tyros utitur, Arcton:
  publica non curat sidera noster amor. 150
Andromedan alius spectet claramque Coronam,
  quaeque micat gelido Parrhasis Ursa polo.
At mihi, quod Perseus et cum Iove Liber amarunt,
  indicium dubiae non placet esse viae.
Est aliud lumen, multo mihi certius istis, 155
  non errat tenebris quo duce noster amor.
Hoc ego dum spectem, Colchos et in ultima Ponti,
  quaque viam fecit Thessala pinus, eam
et iuvenem possim superare Palaemona nando,
  miraque quem subito reddidit herba deum! 160
Saepe per adsiduos languent mea bracchia motus
  vixque per inmensas fessa trahuntur aquas.
His ego cum dixi «pretium non vile laboris,
  iam dominae vobis colla tenenda dabo»,
protinus illa valent atque ad sua praemia tendunt, 165
  ut celer Eleo carcere missus equus.
Ipse meos igitur servo, quibus uror, amores
  teque, magis caelo digna puella, sequor.

Grau ja schäumt Athamantis' Meer von maßlosen Fluten,
  kaum daß im Hafen noch ruht der gesicherte Kiel.
So war, glaub' ich, dies Meer, als von der ertrunkenen Jungfrau
  es seinen Namen bekam, den es auch heute noch hält.
Schon verrufen genug ist der Ort durch den Tod jener Helle;
  selbst, wenn er mich auch verschont, zeiht ihn der Namen der Schuld.
Phrixos beneide ich jetzt, den über die traurige Enge
  sicher der Widder einst trug auf seinem goldenen Vlies.
Doch ich begehre ja nicht, daß ein Tier, daß ein Schiff mir zu Dienst steht,
  find' ich die Fluten nur so, daß ich durchschwimmen sie kann.
Steht mir das Schwimmen frei, sind andere Künste nicht nötig:
  Steuermann werde ich selbst, Schiff dann und Fahrgast zugleich.
Helike folge ich nicht und der Arktos nach tyrischer Sitte:
  unsere Liebe bedarf keines gewohnten Gestirns:
Mag denn ein anderer spähn nach Andromeda hin, nach der Krone,
  nach dem parrhasischen Bär, glänzend am eisigen Pol!
Die einst Perseus geliebt, für die Jupiter flammte und Bacchos,
  soll mir kein Leitstern sein auf der gefährlichen Fahrt!
Denn mir leuchtet ein anderes Licht, viel sicherer als jene:
  folgt meine Liebe ihm nach, geht sie im Dunkel nie irr!
Seh' ich dies Licht, will nach Kolchis ich gehn und zum äußersten Pontus,
  wo Thessaliens Baum einstmals sich bahnte den Weg;
will im Schwimmen selbst den jungen Palaimon besiegen
  und, den Wunderkraut plötzlich zum Gotte gemacht!
Oft versagen den Dienst mir die Arme vom dauernden Mühen
  Und durch die endlose Flut kann ich sie, müde, kaum ziehn.
Spreche ich ihnen dann zu: »Ich will euch herrlich belohnen,
  denn meiner Herrin Hals sollt ihr umarmen gar bald!«,
sind sie sofort wieder stark und streben zu ihrer Belohnung,
  wie wenn in Elis das Roß feurig die Schranken verläßt.
Also erhalte ich mir die Liebe, die mich versengt, selbst,
  richte mich, Mädchen, nach dir, die mehr den Himmel verdient.

Digna quidem caelo es, sed adhuc tellure morare,
  aut dic, ad superos et mihi qua sit iter.   170
Hic es, at exigue misero contingis amanti:
  cumque mea fiunt turbida mente freta.
Quid mihi, quod lato non separor aequore, prodest?
  Num minus haec nobis tam brevis obstat aqua?
Num malim, dubito, toto procul orbe remotus   175
  cum domina longe spem quoque habere meam.
Quo propius nunc es, flamma propiore calesco,
  et res non semper, spes mihi semper adest.
Paene manu, quod amo – tanta est vicinia! – tango:
  saepe sed heu! lacrimas hoc mihi ‹paene› movet.   180
Velle quid est aliud fugientia prendere poma,
  spemque suo refugi fluminis ore sequi?
Ergo ego te numquam, nisi cum volet unda, tenebo,
  et me felicem nulla videbit hiemps,
cumque minus firmum nil sit quam ventus et unda,   185
  in ventis et aqua spes mea semper erit?
Aestus adhuc tamen est: quid, cum mihi laeserit aequor
  Plias et Arctophylax Oleniumque pecus?
Aut ego non novi, quam sim temerarius, aut me
  in freta non cautus tum quoque mittet Amor.   190
Neve putes in me, quod abest, promittere tempus:
  pignora polliciti non tibi tarda dabo.
Sit tumidum paucis etiamnunc noctibus aequor:
  ire per invitas experiemur aquas.
Aut mihi continget felix audacia salvo,   195
  aut mors solliciti finis amoris erit.
Optabo tamen, ut partis expellar in illas
  et teneant portus naufraga membra tuos.
Flebis enim tactuque meum dignabere corpus
  et ‹mortis› dices ‹huic ego causa fui!›   200

a, du verdienst ihn zwar, doch bleibe du weiter auf Erden –
    sonst sag' an, wie auch mich führt zu den Göttern der Weg!
Noch weilst du hier – dein Geliebter, der arme, besitzt dich so selten:
    stürmisch ist immer mein Herz, stürmt wie die Wogen vor mir.
Nützt es mir denn, daß von dir durch ein schmales Meer ich getrennt bin?
    Hemmt es denn weniger uns, daß nur so kurz ist die Bahn?
Sollt' ich nicht lieber, ich zweifle, durch weite Welten getrennt sein;
    mit der Gebieterin fern wäre die Hoffnung dann auch!
Denn je näher du bist, desto glühender macht mich die Nähe,
    immer doch bist nicht du, ist nur die Hoffnung bei mir!
Kann ich doch fast mit der Hand, was ich liebe, ergreifen, so nahe
    sind wir – aber dies »fast« hat mir oft Tränen erpreßt.
Was ist das anderes denn, als nach fliehenden Früchten zu greifen,
    lechzen nach Wasser, das doch stets vor dem Munde entweicht?
Soll ich also dich stets, wenn das Meer es erlaubt, nur umarmen,
    soll mich kein Winter, kein Sturm demnach beglückt jemals sehn,
und, obwohl Wellen und Wind als Unzuverlässigstes gelten,
    sei auf Wellen und Wind stets meine Hoffnung gebaut?
Brandung bisher: was wird, wenn Amalthea, Plejaden,
    Arktophylax dazu grundauf zerpeitschen mein Meer?
Entweder weiß ich dann nicht, wie verwegen ich bin – oder Amor,
    der ja Gefahren nie kennt, treibt mich auch dann noch hinaus!
Glaube nicht, daß eine Zeit ich verspreche, die noch weitab liegt:
    bald erhältst du ein Pfand, das mein Versprechen erfüllt!
Wenn auf dem Meere auch jetzt eine Reihe von Nächten noch Sturm liegt,
    will ich den Fluten zum Trotz dennoch versuchen den Weg!
Komm' ich lebendig hindurch, dann macht mich mein Wagemut glücklich –
    andernfalls endet der Tod dann meine Liebe, mein Leid.
Doch ist mein Wunsch, daß die Wellen auch dann an dein Ufer mich treiben,
    daß den ertrunkenen Leib berge der Hafen bei dir.
Denn du wirst weinen und nicht dem Toten Berührung versagen,
    wirst ausrufen: »Die Schuld für seinen Tod trage ich!«

Scilicet interitus offenderis omine nostri,
   litteraque invisa est hac mea parte tibi?
Desino: parce queri! sed ut et mare finiat iram,
   accedant, quaeso, fac tua vota meis!
Pace brevi nobis opus est, dum transferor isto: 205
   cum tua contigero litora, perstet hiemps!
Istic est aptum nostrae navale carinae,
   et melius nulla stat mea puppis aqua.
Illic me claudat Boreas, ubi dulce morari est:
   tunc piger ad nandum, tunc ego cautus ero   210
nec faciam surdis convicia fluctibus ulla
   triste nataturo nec querar esse fretum.
Me pariter venti teneant tenerique lacerti,
   per causas istic inpediarque duas!
Cum patietur hiemps, remis ego corporis utar: 215
   lumen in adspectu tu modo semper habe!
Interea pro me pernoctet epistula tecum;
   quam precor ut minima prosequar ipse mora.

                                      (ep. XVIII)

Hero Leandro

Quam mihi misisti verbis, Leandre, salutem
   ut possim missam rebus habere, veni!
Longa mora est nobis omnis, quae gaudia differt;
   da veniam fassae: non patienter amo!
Urimur igne pari, sed sum tibi viribus inpar: 5
   fortius ingenium suspicor esse viris.
Ut corpus, teneris ita mens infirma puellis:
   deficiam, parvi temporis adde moram!
Vos modo venando, modo rus geniale colendo
   ponitis in varia tempora longa mora;   10

Fühlst du dich schmerzlich berührt, daß vom Tode ich ahnend hier rede,
    magst diese Stelle wohl gar in meinem Briefe nicht sehn?
Sieh, ich schweige! Klage nicht mehr! Daß das Meer sich beruhigt,
    darum flehe wie ich, bitte! zum Himmel auch du!
Kurze Zeit nur sei ruhig das Meer, solang ich's durchschwimme:
    hab' ich dein Ufer erreicht, dann tobe weiter der Sturm!
Dort bei dir ist mein Schiff in einem geeigneten Hafen,
    In keiner anderen Flut liegt es so gut wie bei dir!
Dort mag mich Boreas halten, wo süß es ist zu verweilen:
    dann will zum Schwimmen zu faul, will ich auch vorsichtig sein,
dann will die tauben Wellen ich nicht mehr mit Vorwürfen kränken,
    klagen auch nicht, daß das Meer feindlich dem Schwimmer sich zeigt.
Stürme mögen zusammen mit zarten Armen mich halten,
    beide Gründe zugleich sollen mir wehren den Weg!
Wenn es der Sturm erlaubt, will des Leibes Ruder ich nutzen:
    halte nur immer das Licht so, daß ich's sehe, bereit!
Unterdes mag der Brief statt meiner die Nacht bei dir bleiben;
    daß ich ihm folge recht bald, ist jetzt mein sehnlichster Wunsch!

                    (nach W. Gerlach)

Hero an Leander

Du hast mich schriftlich gegrüßt, Leander: jetzt komme du selber,
    daß ich in Wirklichkeit hab', was dieser Brief mir gesandt!
Lang ist mir jeder Verzug, der die Freuden der Liebe hinausschiebt!
    Dieses Geständnis verzeih: kennt meine Glut doch kein Maß!
Unser Feuer ist gleich; doch an Kraft bin ich dir unterlegen;
    denn der Männer Natur scheint mit mehr Kräften begabt.
Mädchen ist schwach nur der Leib und schwach die Seele zu eigen:
    zögerst ein Weilchen du noch, ist es mein sicherer Tod!
Ihr vertreibt euch, ist lange die Zeit, sie auf mancherlei Weise,
    seid auf der Jagd oder geht froh euerm Ackerbau nach;

aut fora vos retinent aut unctae dona palaestrae,
  flectitis aut freno colla sequacis equi;
nunc volucrem laqueo, nunc piscem ducitis hamo;
  diluitur posito serior hora mero.
His mihi summotae, vel si minus acriter urar,   15
  quod faciam, superest praeter amare nihil.
Quod superest, facio teque, o mea sola voluptas,
  plus quoque, quam reddi quod mihi possit, amo.
Aut ego cum cara de te nutrice susurro,
  quaeque tuum, miror, causa moretur iter;   20
aut mare prospiciens odioso concita vento
  corripio verbis aequora paene tuis;
aut, ubi saevitiae paulum gravis unda remisit,
  posse quidem, sed te nolle venire, queror.
Dumque queror, lacrimae per amantia lumina manant,   25
  pollice quas tremulo conscia siccat anus.
Saepe tui, specto, si sint in litore passus,
  inpositas tamquam servet harena notas;
utque rogem de te et scribam tibi, siquis Abydo
  venerit, aut, quaero, siquis Abydon eat.   30
Quid referam, quotiens dem vestibus oscula, quas tu
  Hellespontiaca ponis iturus aqua?
Sic ubi lux acta est et noctis amicior hora
  exhibuit pulso sidera clara die,
protinus in summo vigilantia lumina tecto   35
  ponimus, adsuetae signa notamque viae,
tortaque versato ducentes stamina fuso
  feminea tardas fallimus arte moras.
Quid loquar interea tam longo tempore, quaeris?
  Nil nisi Leandri nomen in ore meo est.   40
«Iamne putas exisse domo mea gaudia, nutrix,
  an vigilant omnes, et timet ille suos?

ihr zeigt als Redner euch auch oder übt euch geschmeidig im Ringen,
    zähmt mit dem Zaume das Roß, daß es den Nacken euch beugt,
fangt mit der Angel den Fisch und holt euch mit Schlingen den Vogel;
    oft verbringt ihr die Nacht fröhlich beim Weine gesellt.
Das ist mir alles versagt, und selbst wenn ich weniger glühte,
    wäre nichts andres mir doch als nur zu lieben bestimmt.
Dies allein tu ich nun auch, und dich, meine einzige Wonne,
    lieb' ich weit mehr, als du je wiedervergelten mir kannst!
Heimlich red' ich von dir mit meiner teueren Amme,
    wundere mich, welcher Grund wohl deine Wege dir hemmt;
blicke hinaus aufs Meer und schelte die Wogen und Winde
    fast mit den Worten wie du, wenn so hoch brandet das Meer;
oder ich klage dann auch, wenn die Brandung etwas sich legte,
    daß du zwar kommen kannst, aber zu kommen nicht wünschst.
Dabei entquellen so reich die Tränen den liebenden Augen,
    die meine Amme mir dann trocknet mit zitternder Hand.
Oft seh ich nach – als könnte der Sand eine Spur auch behalten! –,
    ob am Strande von dir irgendwo Fußspuren sind;
um zu fragen nach dir und an dich schreiben zu können,
    frag' ich, wer Sestos verläßt, wer von Abydos her kam.
Was soll ich sagen, wie oft dein Gewand ich küsse, das ab du
    legst, wenn durch Helles Meer wieder du nimmst deinen Weg?
Hat sich vollendet der Tag und naht sich die süßere Nachtzeit,
    die nach der Sonne Flucht führt ihre Sterne herauf,
setze ich gleich auf den Dachfirst die immer wachende Lampe,
    auf dem vertrauten Weg Zeichen und Merkmal für dich,
drehe auf rollender Spindel die Fäden zu feinem Gespinste,
    um zu verkürzen die Frist, wie es die Frauen halt tun.
Fragst du mich, was ich indes, wenn die Zeit mir so lang wird, wohl rede?
    Nur von Leander ist dann immer die Rede allein!
»Glaubst du wohl, Mutter, daß er, meine Freude, das Haus schon verlassen,
    oder sind alle noch wach, fürchtet die Seinen er noch?

Iamne suas umeris illum deponere vestes,
  Pallade iam pingui tinguere membra putas?»
Adnuit illa fere, non nostra quod oscula curet,   45
  sed movet obrepens somnus anile caput.
Postque morae minimum «iam certe navigat» inquam

  «lentaque dimotis bracchia iactat aquis.»
Paucaque cum tacta perfeci stamina terra,
  an medio possis, quaerimus, esse freto.   50
Et modo prospicimus, timida modo voce precamur,
  ut tibi det faciles utilis aura vias.
Auribus incertas voces captamus et omnem
  adventus strepitum credimus esse tui.
Sic ubi deceptae pars est mihi maxima noctis   55
  acta, subit furtim lumina fessa sopor.
Forsitan invitus, mecum tamen, inprobe, dormis
  et, quamquam non vis ipse venire, venis.
Nam modo te videor prope iam spectare natantem,
  bracchia nunc umeris umida ferre meis: 60
nunc dare, quae soleo, madidis velamina membris,
  pectora nunc nostro iuncta fovere sinu,
multaque praeterea lingua reticenda modesta,
  quae fecisse iuvat, facta referre pudet.
Me miseram! brevis est haec et non vera voluptas.   65
  Nam tu cum somno semper abire soles.
Firmius o cupidi tandem coeamus amantes,
  nec careant vera gaudia nostra fide!
Cur ego tot viduas exegi frigida noctes?
  Cur totiens a me, lente natator, abes?   70
Est mare, confiteor, nondum tractabile nanti:

  nocte sed hesterna lenior aura fuit!

Glaubst du, daß er sein Gewand von den Schultern schon niedergelegt hat,
    daß er mit fettem Öl schon seine Glieder sich salbt?«
Dann nickt die Amme vielleicht, nicht weil unsre Küsse sie kümmern,
    nein, weil ihr greises Haupt heimlich der Schlaf überkam!
Dann, nach kurzem Verzug, sag ich zu ihr: »Jetzt schwimmt er
                               bestimmt schon,
    teilt der Wogen Gewalt ruhig mit kräftigem Schlag!«
Hab' ich dann einige Fäden hinab bis zum Boden gesponnen,
    frag ich', ob du vielleicht jetzt in der Mitte schon bist.
Bald seh' aufs Meer ich hinaus, bald bitt' ich mit furchtsamer Stimme,
    daß einen leichten Weg gebe dir günstiger Wind.
Stimmen, noch unklar, erhaschen die Ohren, bei jedem Geräusche
    glaub' ich, du müßtest es sein, der mir jetzt endlich erscheint.
Ist so verstrichen fast ganz schon die Nacht, die Enttäuschung mir brachte,
    schleicht in die Augen, so müd', endlich dann heimlich der Schlaf.
Ach, dann schläfst du vielleicht – nicht gern, aber dennoch, du Böser! –
    mit mir und kommst zu mir, wenn du auch kommen nicht magst!
Denn ich sehe im Traum, wie du näher und näher herankommst,
    wie du den nassen Arm um meine Schultern mir legst:
wie ich, wie sonst, ein Gewand um den triefenden Körper dir hülle,
    wie wir uns wärmen die Brust, dicht aneinandergeschmiegt –
vieles andere noch, was hier ich zu sagen nicht wage,
    weil mir die Scham untersagt, daß ich die Wonnen erzähl'!
Ach, ich Arme! Denn kurz und erträumt ist nur diese Wollust!
    Immer entschwindest du ja, wenn mich der Schlaf dann verläßt!
Laß uns Liebende doch voller Sehnsucht uns inniger nahen,
    daß im wahren Genuß unsere Freude besteh'!
Warum sah ich allein so viel Nächte schon ungeliebt schwinden?
    Warum bist du so oft, saumselger Schwimmer, mir fern?
Noch ist das Meer, ich gesteh's, nicht so still, daß man
                               durchschwimmen könnte:
    doch in der gestrigen Nacht wehte ein milderer Wind!

Cur ea praeterita est? cur non ventura timebas?
  Tam bona cur periit nec tibi rapta via est?
Protinus ut similis detur tibi copia cursus,   75
  hoc melior certe, quo prior, illa fuit.
«At cito mutata est iactati forma profundi!»
  Tempore, cum properas, saepe minore venis!
Hic, puto, deprensus nil, quod querereris, haberes,
  meque tibi amplexo nulla noceret hiemps.   80
Certe ego tum ventos audirem laeta sonantis
  et numquam placidas esse precarer aquas.
Quid tamen evenit, cur sis metuentior undae
  contemptumque prius nunc vereare fretum?
Nam memini, cum te saevum veniente minaxque   85
  non minus, aut multo non minus, aequor erat;
cum tibi clamabam: «sic tu temerarius esto,
  ne miserae virtus sit tua flenda mihi!
Unde novus timor hic, quoque illa audacia fugit?
  Magnus ubi est spretis ille natator aquis?   90
Sis tamen hoc potius, quam quod prius esse solebas,
  et facias placidum per mare tutus iter,
dummodo sis idem, dum sic, ut scribis, amemur,
  flammaque non fiat frigidus illa cinis!
Non ego tam ventos timeo mea vota morantes,   95
  quam similis vento ne tuus erret amor;
ne non sim tanti, superentque pericula causam,
  et videar merces esse labore minor.
Interdum metuo, patria ne laeder et inpar
  dicar Abydeno Thressa puella toro.   100
Ferre tamen possum patientius omnia, quam si
  otia nescio qua paelice captus agis,
in tua si veniunt alieni colla lacerti,
  fitque novus nostri finis amoris amor.

Warum ging sie dahin? Was bangtest du grundlos vor Unglück,
daß du die günstige Bahn ungenützt ließt, nicht ergriffst?
Selbst wenn sich dir die gleiche Gelegenheit böte, zu kommen,
War jene besser trotzdem, weil sie die frühere war!
» Aber es ändert sich schnell die Gestalt des stürmischen Meeres!«
Ja – doch wenn Eile du hast, kommst du oft schneller noch her!
Dann, vom Sturm überrascht, hättest hier keinen Grund du zur Klage,
schaden könnte dir hier, in meinem Arme, kein Sturm!
Dann würd' ich sicher vergnügt das Tosen der Stürme vernehmen,
würde drum flehen, daß sich nie wieder lege das Meer.
Sag, was ist denn geschehn, daß du stärker die Wogen jetzt fürchtest,
bangst vor dem Meer, das zuvor stets nur verachtet du hast?
Denn ich erinnere mich, daß oft, wenn du herkamst, die Fluten
ebenso oder fast so wüteten, drohend und wild,
daß ich dir mahnend gesagt: »So verwegen nur sei deine Kühnheit,
daß dein Wagemut nie Tränen mir Armen noch bringt!«
Woher kommt jetzt diese Furcht, und wohin ist die Kühnheit entflohen?
Wo ist der Schwimmer, der groß einstmals verachtet das Meer?
Dennoch bleibe nur so, statt zu sein wie du früher das liebtest,
nimm den sicheren Weg, wenn wieder ruhig das Meer,
wenn du derselbe nur bleibst, wenn so, wie du schreibst, ich geliebt bin,
wenn kalte Asche die Glut nie wird, die jetzt in dir lebt!
Mehr als den Sturm, der jetzt meine Wünsche verzögert, noch fürcht' ich,
daß einem Sturme einst gleich auch deine Liebe sich dreht;
daß ich zu wenig dir bin und dir mehr die Gefahr als der Grund gilt,
ich dir erscheine als Lohn, der keine Mühe verdient.
Manchmal fürchte ich auch, daß die Abkunft mir schadet, Abydos
mich, eine thrakische Frau, deiner für unwürdig hält.
Trotzdem kann alles ich das doch leichter ertragen, als wenn du,
von einer Dirne umgarnt, opfertest ihr deine Zeit,
wenn eine andere dir um den Nacken die Arme je legte,
neue Liebe das Grab unserer Liebe dann wird.

A! potius peream, quam crimine vulnerer isto: 105
  fataque sint culpa nostra priora tua!
Nec, quia venturi dederis mihi signa doloris,
  haec loquor aut fama sollicitata nova.
Omnia sed vereor! quis enim securus amavit?
  Cogit et absentes plura timere locus.   110
Felices illas, sua quas praesentia nosse
  crimina vera iubet, falsa timere vetat!
Nos tam vana movet, quam facta iniuria fallit,
  incitat et morsus error uterque pares.
O! utinam venias, aut ut ventusve paterve   115
  causaque sit certe femina nulla morae!
Quodsi quam sciero, moriar – mihi crede – dolendo.
  Iamdudum pecca, si mea fata petis.
Sed neque peccabis frustraque ego terreor istis:
  quoque minus venias, invida pugnat hiemps.   120
Me miseram! quanto planguntur litora fluctu,
  et latet obscura condita nube dies!
Forsitan ad pontum mater pia venerit Helles,
  mersaque roratis nata fleatur aquis?
An mare ab inviso privignae nomine dictum   125
  vexat in aequoream versa noverca deam?
Non favet, utcumque est, teneris locus iste puellis:
  hac Helle periit, hac ego laedor aqua.
At tibi flammarum memori, Neptune, tuarum
  nullus erat ventis inpediendus amor: 130
si neque Amymone nec, laudatissima forma,
  criminis est Tyro fabula vana tui,
lucidaque Alcyone Calyceque Hecataeone nata
  et nondum nexis angue Medusa comis
flavaque Laodice caeloque recepta Celaeno,   135
  et quarum memini nomina lecta mihi.

Ach, ich will lieber den Tod, als daß dieses Verbrechen mich träfe:
    sterben will ich zuvor, eh' dein Vergehn mich verletzt!
Nicht, als gäbest du mir den Beweis für den nahenden Kummer,
    sag' ich dies, oder weil schon Kunde davon mich erregt:
Aber ich fürchte all dies! Wer durfte denn sorglos schon lieben?
    Gibt uns doch Abwesenheit Grund zu noch größerer Furcht!
Glücklich, wenn die Anwesenheit das wahre Vergehen
    allsogleich lehrt, aber auch Falsches zu fürchten verwehrt!
Eingebildetes Unrecht erregt mich, getanes entgeht mir,
    da ich Genaues nicht weiß, ist es die nämliche Pein!
Wenn du doch kämst! Daß der Sturm doch schuld sei oder der Vater,
    daß du bisher noch nicht kamst, und ganz bestimmt keine Frau!
Wenn ich das wüßte – vor Schmerz, das glaube mir, ging ich zu Grunde;
    wenn meinen Tod du begehrst, dann hintergehe mich gleich!
Aber das wirst du nicht tun, und vergebens erschreckt mich dies alles:
    neidisch nur müht sich der Sturm, daß du trotz allem nicht kommst.
Ach, ich Arme! Wie wild jetzt die Wogen das Ufer umtosen,
    wie sich die Sonne verbirgt unter dem schwarzen Gewölk!
Kam zum Meere etwa die trauernde Mutter der Helle,
    daß sie die Tochter beweint, die hier versank in die Flut?
Oder quält dieses Meer, genannt nach der Stieftochter Namen,
    jetzt die Stiefmutter, die Göttin des Meeres doch ward?
Mißgünstig ist dieser Ort zarten Mädchen in jeglichem Falle:
    hier fand Helle den Tod, hier find' auch ich tiefes Leid!
Du aber solltest, Neptun, durch Sturm einer Liebe nicht schaden,
    wenn du der Frauen gedenkst, die du dereinst auch geliebt:
wenn nicht Amymone einst und Tyro, besonders gefeiert,
    Weil sie so schön, deiner Schuld nichtige Märchen nur sind,
Alkyone, die strahlt, Kalyke, des Kind Hekataions,
    dann Medusa, solang Schlangen ihr Haar noch nicht trug,
Laodike, die blonde, Kelaino, zum Himmel erhoben,
    andere dazu, soweit ich mich entsinnen noch kann.

Has certe pluresque canunt, Neptune, poetae
  molle latus lateri conposuisse tuo.
Cur igitur, totiens vires expertus amoris,
  adsuetum nobis turbine claudis iter?   140
Parce, ferox, latoque mari tua proelia misce:
  seducit terras haec brevis unda duas.
Te decet aut magnas magnum iactare carinas
  aut etiam totis classibus esse trucem.
Turpe deo pelagi iuvenem terrere natantem,   145
  gloriaque est stagno quolibet ista minor.
Nobilis ille quidem est et clarus origine, sed non
  a tibi suspecto ducit Ulixe genus.
Da veniam servaque duos! natat ille: sed isdem
  corpus Leandri, spes mea pendet aquis.   150
Sternuit et lumen – posito nam scribimus illo –
  sternuit et nobis prospera signa dedit.
Ecce, merum nutrix faustos instillat in ignes,
  «cras»que «erimus plures» inquit et ipsa bibit.
Effice nos plures, evicta per aequora lapsus,   155
  o penitus toto corde recepte mihi!
In tua castra redi, socii desertor amoris!
  Ponuntur medio cur mea membra toro?
Quod timeas, non est: auso Venus ipsa favebit
  sternet et aequoreas aequore nata vias.   160
Ire libet medias ipsi mihi saepe per undas –
  sed solet hoc maribus tutius esse fretum.
Nam cur hac vectis Phrixo Phrixique sorore
  sola dedit vastis femina nomen aquis?
Forsitan ad reditum metuas ne tempora desint,   165
  aut gemini nequeas ferre laboris onus?
At nos diversi medium coeamus in aequor
  obviaque in summis oscula demus aquis

Wenigstens sagen die Dichter, daß diese und mehr noch als diese
   zärtlich an deiner Brust dir hingegossen geruht!
Da du nun selber so oft der Liebe Gewalt schon empfunden,
   warum verwehrt dein Sturm uns den gewöhnlichen Weg?
Laß doch, du Wilder, jetzt ab! Mit dem Ozean miß deine Kräfte!
   Hält doch dies kleine Meer nur unsre Länder getrennt!
Dir kommt es, Mächtiger, zu, mit den mächtigen Schiffen zu kämpfen,
   ganzen Flotten zu drohn mit deiner trotzigen Kraft!
Schimpf bringt's dem Meeresgott nur, einen jungen Schwimmer zu
   und im winzigsten See schaffst du dir größeren Ruhm.   [schrecken,
Edel ja ist er, berühmt von Geschlecht, doch führt er die Abkunft
   nicht auf Odysseus zurück, dem doch dein Grollen sonst gilt.
Sei ihm jetzt hold und rette uns zwei! Er schwimmt – doch das Wasser
   trägt mit Leanders Leib all meine Hoffnung zugleich.
Unterdes knistert das Licht – ich schreib' ja beim Scheine der Lampe –,
   knistert und kündigt damit glückliche Zeichen uns an.
Jetzt tropft die Amme noch Wein in die glückverheißende Flamme,
   »Morgen sind wir noch mehr!« sagt sie und trinkt einen Schluck.
Komm, bezwinge das Meer und mach', daß wir unsrer noch mehr sind,
   du, der mit all meiner Kraft mir ist geschlossen ins Herz!
Kehr' in dein Lager zurück, der du unsere Liebe schon aufgabst!
   Warum streck' ich allein immer mich noch auf dem Bett?
Grundlos ist deine Furcht; dem Mutigen lächelt die Venus,
   wird dir als Tochter der Flut bahnen den Weg durch das Meer!
Oft packt selbst mich schon Lust, durch den Weg die Wellen zu suchen –
   aber es scheint dieses Meer sichrer für Männer zu sein.
Denn warum gab, als Phrixos hier und die Schwester des Phrixos
   fuhren, das Mädchen allein einst seinen Namen der Flut?
Hegst du vielleicht die Furcht, daß die Zeit zur Rückkehr dir fehle,
   daß du des doppelten Werks Mühen ertragen nicht kannst?
Dann laß uns mitten im Meer von beiden Seiten uns treffen,
   laß auf der Höhe der Flut tauschen die Küsse uns dann,

atque ita quisque suas iterum redeamus ad urbes:
    exiguum, sed plus quam nihil illud erit.   170
Vel pudor hic utinam, qui nos clam cogit amare,
    vel timidus famae cedere vellet amor!
Nunc male res iunctae, calor et reverentia, pugnant:
    Quid sequar, in dubio est: haec decet, ille iuvat.
Ut semel intravit Colchos Pagasaeus Iason,   175
    inpositam celeri Phasida puppe tulit;
ut semel Idaeus Lacedaemona venit adulter,
    cum praeda rediit protinus ille sua.
Tu quam saepe petis, quod amas, tam saepe relinquis,
    et quotiens grave fit puppibus ire, natas.   180
Sic tamen, o iuvenis tumidarum victor aquarum,
    sic facito spernas, ut vereare, fretum!
Arte laboratae merguntur ab aequore naves:
    tu tua plus remis bracchia posse putas?
Quod cupis, hoc nautae metuunt, Leandre, natare: 185
    exitus hic fractis puppibus esse solet.
Me miseram! cupio non persuadere, quod hortor,
    sisque, precor, monitis fortior ipse meis:
dummodo pervenias excussaque saepe per undas
    inicias umeris bracchia lassa meis.   190
Sed mihi, caeruleas quotiens obvertor ad undas,
    nescio quid pavidum frigore pectus habet.
Nec minus hesternae confundor imagine noctis,
    quamvis est sacris illa piata meis.
Namque sub aurora, iam dormitante lucerna –   195
    somnia quo cerni tempore vera solent –
stamina de digitis cecidere sopore remissis,
    collaque pulvino nostra ferenda dedi.
Hic ego ventosas nantem delphina per undas
    cernere non dubia sum mihi visa fide;   200

darauf jeden für sich zurück in die Heimatstadt schwimmen:
  ist diese Freude auch klein, ist sie doch besser als nichts!
Wenn doch wiche die Scheu, die uns zwingt, so heimlich zu lieben,
  oder die Liebe, die stets ängstlich nur sieht auf den Ruf!
Jetzt sind Glut und Scham, kaum je zu vereinen, im Kampfe:
  ach, wem folge ich nun? Die bringt uns Freude, die Zier.
Als von Pagasai her einst Iason nach Kolchis gelangt war,
  hat er im schnellen Schiff mit sich Medea entführt;
als nach Sparta von Ida zum Ehebruch Paris gekommen,
  kehrte bald er darauf mit seiner Beute zurück.
Du aber läßt die Geliebte, so oft du kommst, wieder alleine,
  Schwimmst, sooft für das Schiff schwierig die Fahrt wird, dahin.
Trotzdem, junger Sieger, der kühn du die tosende Flut zwingst,
  so nur verachte das Meer, daß du die Vorsicht bewahrst!
Schiffe, so kunstvoll erbaut, versinken unter den Spiegel,
  glaubst du, daß stärker dein Arm ist, als die Ruder es sind?
Was du, Leander, begehrst – zu schwimmen –, das fürchten die Schiffer:
  denn, ist geborsten das Schiff, pflegt dies das Ende zu sein.
Ach, ich Arme! Ich will dir nicht einreden, was ich dich mahne;
  laß doch nicht sinken den Mut jetzt durch mein mahnendes Wort:
komme zu mir nur und leg' um den Nacken mir deine Arme,
  wenn sie so müde auch sind von ihrem Weg durch die Flut!
Doch sooft ich den Blick auf die bläulichen Wogen auch richte,
  legt sich – ich weiß nicht warum – eiskalt die Furcht mir aufs Herz.
Ebenso lähmt mich ein Traum, den die gestrige Nacht mir gebracht hat,
  ob mit Opfern ich gleich ihn zu versöhnen versucht.
Denn als der Morgen schon kam, als das Licht der Lampe verlöscht war –
  also zur Zeit, in der sonst eigentlich Wahres man träumt –
glitten die Fäden mir aus den schläfrig gewordenen Fingern,
  und ich legte zum Schlaf hin auf das Kissen mein Haupt.
Da nun träumte ich, daß durch das Meer, das vom Sturme gepeitscht war,
  schwamm ein Delphin, und genau hab' ich dies Traumbild gesehn;

quem postquam bibulis inlisit fluctus harenis,
    unda simul miserum vitaque deseruit.
Quidquid id est, timeo nec tu mea somnia ride,
    nec nisi tranquillo bracchia crede mari!
Si tibi non parcis, dilectae parce puellae,   205
    quae numquam nisi te sospite sospes ero.
Spes tamen est fractis vicinae pacis in undis:
    tu placidas tuto pectore finde vias!
Interea, quoniam nanti freta pervia non sunt,
    leniat invisas littera missa moras.   210

(ep. XIX)

Ars amatoria

Saepe tua poteras, Leandre, carere puella;
    transnabas, animum nosset ut illa tuum.

(II 249 f.

Tristia

. . . durum calcavimus aequor
undaque non udo sub pede summa fuit.
Si tibi tale fretum quondam, Leandre, fuisset,
    non foret angustae mors tua crimen aquae.

(III 10, 39–42)

Ibis

Si qua per alternos pulsabitur unda lacertos,
    omnis Abydena sit tibi peior aqua.

(589 f.)

7. Pomponius Mela

De chorographia

Abydos magni quondam amoris commercio insignis est.

(I 19, 97)

Est et Abydo obiacens Sestos, Leandri amore pernobile.

(II 2, 26)

als ihn die Brandung sodann auf die durstigen Dünen geworfen,
    da verließ ihn die Flut mit seinem Leben zugleich.
Deute man dies, wie man will – ich bin bange! Verlache den Traum nicht,
    leihe dem Meer deinen Arm dann nur, wenn ruhig die Flut!
Wenn du dich selbst nicht schonst, nimm Rücksicht auf deine Geliebte;
    dauert mein Leben doch nur, wenn du am Leben noch bist!
Doch – die gebrochene Flut läßt auf nahe Beruhigung hoffen –
    bahne mit ruhigem Mut dann dir den friedlichen Weg!
Da dem Schwimmer indes die Wogen den Zugang noch wehren,
    mag dir inzwischen der Brief kürzen die mißliche Zeit!

(nach W. Gerlach)

Aus der »Liebeskunst«

    Häufig konntest du wohl, Leander, dein Mädchen entbehren,
        aber du schwammst hindurch, nur daß sie sähe den Mut.

(Hertzberg-Burger)

Aus den »Klageliedern«

        ... Ich betrat die gefrorene Fläche,
    unter dem trockenen Fuß dehnte der Spiegel sich aus:
    Hättest du ähnlich die Furt dereinst, Leander, gefunden,
        wäre kein Vorwurf dein Tod ewig der Enge des Meeres.

Aus »Ibis«

    Ringst mit wechselndem Arm du je in den Wogen, so sei dir
        schlimmer als Abydos' Flut jedes Gewässer sogleich!

7. Pomponius Mela (1. Jhdt. n. Chr.)

Aus »Abriß der Geographie« (43. n. Chr.)

Abydos ist als Schauplatz des berühmten einstigen Liebesverkehres bekannt.

Abydos gegenüber liegt Sestos, berühmt durch Leanders Liebe.

8. M. ANNAEUS LUCANUS

De bello civili

> Caesar . . .
> Threiciasque legit fauces et amore notatum
> aequor et Heroas lacrimoso littore turres.

(IX 954 f.)

Adnotatio: Heroas turres - ubi Hero Leandri amore flagravit.

9. TI. CATIUS SILIUS ITALICUS

Punicorum l. VIII

> Tantis agminibus Rhoeteo litore quondam
> fervere, cum magnae Troiam invasere Mycenae,
> mille rates vidit Leandrius Hellespontus.

(VIII 619–621)

10. P. PAPINUS STATIUS

silvarum c. 1,2

> vidi et Abydeni iuvenis certantia remis
> bracchia laudavique manus et saepe natanti
> praeluxi: minor ille calor, quo saeva tepebant
> aequora: tu veteres, iuvenis, transgressus amores.

(87–90)

silvarum c. 1,3

> Sestiacos nunc fama sinus pelagusque natatum
> iactet et audaci victos delphinas ephebo.

(27–28)

Thebaidos l. VI

> . . . Phrixei natat hic contemptor ephebus
> aequoris et picta tralucet caerulus unda;
> in latus ire manus mutaturusque videtur
> bracchia, nec siccum speres in stamine crinem;
> contra autem frustra sedet anxia turre suprema
> Sestias in speculis, moritur prope conscius ignis.

(542–547)

LUCAN (39–65 n. Chr.)

us dem ›Bürgerkrieg‹

   Caesar . . .

fährt an den thrakischen Pässen vorbei und am Meer, durch die Liebe

stets denkwürdig, an Heros Turm auf dem Ufer der Tränen . . .

(J. Krais)

nmerkung: Heros Turm – wo Hero in Liebe zu Leander entbrannt war.

SILIUS ITALICUS (25–101 n. Chr.)

us dem ›Punischen Krieg‹

     So in Scharen erlebte dereinst an Rhöteums Gestade,

     als die gewaltige Macht Mykenes Troia berannte,

     wimmeln tausend Schiffe der Hellespont des Leander.

o. STATIUS († um 96 n. Chr.)

us den ›Gelegenheitsgedichten‹

Wetteifern sah ich mit Rudern des abydenischen Jünglings

Arme und lobte die Hände; oft hab' ich dem Schwimmer geleuchtet.

Wilde Meere erwärmte die Glut, doch nicht zu vergleichen

war sie der deinigen, Jüngling: das mythische Vorbild der Ahnen

hast du besiegt.

(nach R. Sebicht)

Mag auch die Sage besingen das Meer und den Busen von Sestos,

die gleich schnellen Delphinen durchschwamm der kühne Leander . . .

(R. Sebicht)

Aus dem ›Zug der Sieben gegen Theben‹

Ohne zu achten des Phrixosmeers schwimmt hin dort der kühne

Jüngling und bläulich schimmert sein Leib durch gewobene Fluten;

seitwärts scheint er die Hände zu drehn, zu wechseln die Arme,

und nicht trocken verbleibt, wie du hoffst, am Gewebe das Haupthaar.

Gegenüber sitzt angstvoll die Sesterin; hoch von dem Turme

späht sie umsonst; es erstirbt gerade, mitschuldig, die Leuchte.

11. M. Valerius Martialis

Spectaculorum liber

> Quod nocturna tibi, Leandre, pepercerit unda,
>   desine mirari: Caesaris unda fuit.
>
> (25a)
>
> Cum peteret dulces audax Leandros amores
>   et fessus tumidis iam premeretur aquis,
> sic miser instantes adfatus dicitur undas:
>   ›Parcite dum propero, mergite cum redeo.‹
>
> (25b)

Epigrammaton l. XIV

Leandros marmoreus

> Clamabat tumidis audax Leandros in undis:
>   «Mergite me fluctus, cum rediturus ero.»
>
> (181)

12. M. Cornelius Fronto

epistularum l. III

Unde displicet mihi fabula histrionibus celebrata, ubi «amans amantem puella iuvenem nocte lumine accenso stans in turri natantem in mare opperitur.» (14 = V 241; v. d. H.)

13. Hippolytos Romanus

refutatio omnium haeresium

δύναμις ἀρσενόθηλυς ἀεὶ νηπιάζουσα, ἀγήρατος, αἰτία κάλλους, ἡδονῆς, ἀκμῆς, ὀρέξεως, ἐπιθυμίας, ὃν ἐκάλεσεν ἡ ἀγνωσία Ἔρωτα, οὗ κατ' εἰκόνα ἐγένοντο . . . . . Λέανδρος, Ἡρώ. (V 14)

11. MARTIAL (um 40–102 n. Chr.)

Aus ›Buch der Spiele‹

> Daß die nächtliche Woge, Leander, deiner geschont hat,
>   wundere dich nicht mehr: ist doch der Kaiser ihr Herr!
>
> (A. Berg)

> Während Leander kühn einst schwamm zu der süßen Geliebten
>   und vor Ermattung schon sank in der schwellenden Flut,
> sprach er, so meldet die Mär, in der Not zu den drohenden Wogen:
>   ›Schont, da ich eile, begrabt, Wellen, mich, komm ich zurück!‹
>
> (A. Berg)

Marmorstatue Leanders

> Als hochwogend das Meer auf den kühnen Leander sich stürzte,
>   rief er: ›Komm ich zurück, dann erst begrabe mich, Flut!‹
>
> (A. Berg)

12. FRONTO (Konsul 143, † vor 169 n. Chr.)

Aus der ›Briefsammlung‹

Daher gefällt mir nicht das beliebte Theaterstück, in dem ›liebend den liebenden Jüngling das Mädchen nächtlich, stehend hochoben am Turm, mit brennendem Lichte erwartet, während er hinausschwimmt auf's Meer.‹

13. HIPPOLYTOS, Presbyter in Rom (um 150–235/36 n. Chr.)

Aus ›Widerlegung aller Ketzereien‹

Die mannweibliche Kraft ist immer jung, nichtalternd, Ursache der Schönheit, Lust, Blüte, Begierde, Sehnsucht; die Unwissenheit nannte sie Eros. Nach seinem Bilde entstanden ... Leander, Hero.

14. Vespa

Iudicium coci et pistoris iudice Vulcano

> Orpheu, tu tollis chordas, Leandre, lacertos
>
> (Anth. Lat. I Riese², pg. 169, v. 89)

15. Decimus Magnus Ausonius

Mosella

> Quis modo Sestiacum pelagus, Nepheleïdos Helles
> aequor, Abydeni freta quis miretur ephebi?
>
> (edyll. X 287 f.)

Cupido cruciatur

> ... fert fumida testae
> lumina Sestiaca praeceps de turre puella.
>
> (edyll. VIII 22 f.)

16. C. Sollius Modestus Sidonius Apollinaris

Epithalamium

> huic Dido in ferrum, simul in suspendia Phyllis
> Euadne in flammas et Sestias isset in undas.
>
> (c. XI 70 f.)

17. Fabius Planciades Fulgentius

Mitologiarum libri

Neque enim illas Eroidarum arbitreris lucernas meis praesules libris, quibus aut Sulpicillae procacitas aut Psices curiositas declarata est, neque illam, quae vi maritum Fedriam in tumulum duxit aut Leandricos natatus intercepit, ... (I 598)

... nec lychnides puellas inquirimus, Ero atque Psicen, poeticas garrulantes ineptias, dum haec lumen queritur extinctum, illa deflet incensum, ut Psice videndo perderet et Ero non videndo perisset. (I 613)

4. VESPA (3./4. Jhdt. n. Chr.)

Aus »Wettstreit zwischen Koch und Bäcker vor dem Richter-
tuhl des Vulcan«

> Orpheus, du bekommst die Därme, Leander die Arme.

5. AUSONIUS (4. Jhdt. n. Chr.)

Aus »Die Mosel« (um 370 n. Chr.)

> Wer bewundert das sestische Meer, nach der Tochter Nepheles,
>
> Helle, benannt, wer die Enge des Jünglings vom Orte Abydos?

Aus »Der gekreuzigte Cupido«

> ... Es trägt der Lampe rauchendes Licht noch
> immer das Mädchen, das steil vom Turme in Sestos sich stürzte.

6. SIDONIUS APOLLINARIS (um 433–483 n. Chr.)

Aus dem »Brautlied«

> Tod durch das Schwert wählte Dido für ihn, und Phyllis Erhängen,
>
> Tod in den Flammen Euadne, die Sesterin Tod in den Wogen.

7. FULGENTIUS (um 480–550 n. Chr.)

Aus der »Mythologie«

> Glaube nicht, daß jene Lampen der Heroiden meinen Büchern den An-
> rieb gaben, jene Lampen, durch die die Lüsternheit der Sulpicilla und die
> Neugier der Psyche erhellt wurden, auch nicht die, die mit Gewalt den
> Gatten Phaedrias ins Grab brachte, oder die, die das Schwimmen des Lean-
> der abbrach ...
>
> ... Auch über die Lampen-Mädchen stellen wir keine Untersuchungen an,
> Hero und Psyche, die poetisches Zeug daherschwatzen, indem die eine über
> das Verlöschen des Lichts jammert, die andere über dessen Entbrennen
> heult, so daß Psyche (ihr Gatten) dadurch verlor, daß sie ihn sah, und Hero
> darüber zugrunde ging, daß sie ihn nicht sah.

Fabula Ero et Leandri

Amor cum periculo saepe concordat et, dum ad illud solum notat, quod diligit, numquam videt, quod expedit. Eros enim Grece amor dicitur, Leandrum vero dici voluerunt quasi lisinandron, id est solutionem virorum; solutio enim viri amorem parturit. Sed natat nocte, id est: in obscuro temptat pericula. Ero quoque in amoris similitudine fingitur. Lucernam fert; et quid aliud amor nisi et flammam ferat et desideranti periculosam viam ostendat? Cito tamen extinguitur, quia iuvenilis amor non diu perdurat. Denique nudus natat illa videlicet causa, quod suos affectatores amor et nudare noverit et periculis sicut in mari iactare. Nam et extincta lucerna utrisque mors est procurata maritima, hoc in evidenti significans, quod in utroque sexu vapore aetatis extincto libido commoritur. In mari vero mortui feruntur velut in humorem frigidae senectutis; omne enim caloratae iuventutis igniculum torpidae veternositatis algescit in senio.　　　　　(III 710)

18. PAULOS SILENTIARIOS

νηχόμενος Λείανδρος, ὅσον κράτος ἐστὶν ἐρώτων
δείκνυεν, ἐννυχίου κύματος οὐκ ἀλέγων.

(Anth. Pal. V 293, v. 7–8)

19. AGATHIAS SCHOLASTIKOS

Historiarum libri

Σηστός γέ ἐστι πόλις ἡ περιλάλητος τῇ ποιήσει καὶ
ὀνομαστοτάτη, οὐκ ἄλλου του ἕνεκα, οἶμαι, ἢ μόνον ἐπὶ τῷ
λύχνῳ τῆς Ἡροῦς ἐκείνης τῆς Σηστίδος καὶ τῷ Λεάνδρου
ἔρωτι καὶ θανάτῳ.　　　　　(V 12, p. 366, 29 D)

ἀεὶ σὺ φθονέεις τῇ Κύπριδι, καὶ γὰρ ὅθ' Ἡρὼ
ἥρμοσε Λειάνδρῳ.　　　　(Anth. Pal. V 263, v. 3 f.)

Der Mythos von Hero und Leander

Liebe ist oft mit Gefahr verbunden und, indem sie ihren Blick nur auf den Gegenstand ihres Gefühls richtet, sieht sie nie, was nützt. Eros heißt die Liebe auf Griechisch, Leander aber soll soviel heißen wie ›lysinandron‹, d. i. Auflösung der Männer; denn des Mannes Auflösung ist der Liebe Ursprung. Er schwimmt nachts, d. i.: im Finstern sucht er die Gefahr. Auch Hero ist nach dem Bild der Liebe erdichtet. Sie trägt eine Lampe; was ist Liebe schon, als daß sie die Flamme in sich trägt und dem Sehnen den Weg der Gefahr weist? Schnell erlöscht (das Licht) freilich, weil der Jugend Liebe nicht lange währt. Endlich schwimmt er ohne Kleider aus dem Grunde, daß die Liebe ihre Opfer zu entblößen weiß und in Gefahren umherzuwerfen wie auf hoher See. Denn nach der Lampe Erlöschen ist beiden der Tod in den Wellen bestimmt, was augenscheinlich bedeutet, daß in beiden Geschlechtern nach Verlöschen der Jugendkraft auch die Lust abstirbt. Im Meere werden die Leichen fortgeschwemmt wie in die Feuchtigkeit kalter Vergreisung; denn jeder Funke warmer Jugend kühlt ab in der Entkräftung des gefühllosen Altwerdens.

18. PAULOS SILENTIARIOS (um 520–575 n. Chr.)

> Schwimmend hat uns Leander die Kräfte der Liebe bewiesen,
>
> hat nicht in dunkelster Nacht Furcht vor den Wogen gekannt.
>
> (H. Beckby)

19. AGATHIAS (um 536–582 n. Chr.)

Aus der Geschichte ›des Justinian‹

Sestos ist die durch die Dichtung viel besprochene und genannte Stadt, und zwar m. E. nur durch die Leuchte jener Hero von Sestos und durch Leanders Liebe und Tod.

Aus dem Epigramm an eine Lampe

> Immer warst du der Kypris feind, schon damals, als Hero
>
> sich mit Leander vereint.   (H. Beckby)

20. [Luxorius]

De Hero et Leandro

Fecit amore viam iuvenis crudele per aequor;
praedurae morti fecit amore viam.

(Anth. Lat. I Riese², pg. 104, nr. 48)

21. Mythographus Vaticanus I

Leander et Hero

Sestus et Abydus urbes vicinae erant et interfluentis maris
arto divisae. Una earum celebris exstitit per Leandrum,
pulcherrimum iuvenem; altera per Hero, pulcherrimam
mulierem. Quibus absentibus amor imis concaluit mentibus.
Iuvenis autem, impatiens ignis, omni modo quaerebat obtinen-
dae virginis copiam. Sed nullo ad Hero terra aditu invento,
simul calore et audacia impulsus, se ponto tradidit; sicque
natando singulas noctes puellam adiit, oblato ex adverso turris
lumine, puellae studio, quo nocturnum iter ad eam dirigere
posset. Quadam vero nocte quum acrius solito imminens
ventus faculam extingueret, errando et inscius, quo cursum
teneret, nando interiit. Cuius corpus quum postero die eiectum
in litore fluctibus Hero vidisset, dolore instincta a culmine
cecidit. Si cum quo sortita fuit partem mundanae voluptatis,
cum eo et pertulit damnum mortiferae acerbitatis.   (I 28 Bode)

22. Leon Philosophos (?)

Ἀκτῇ ἐπὶ προὐχούσῃ, ἐπὶ πλατεῖ Ἑλλησπόντῳ,
παρθένος αἰδοίη ὑπερώιον εἰσαναβᾶσα
πύργῳ ἐφεστήκει γοόωσά τε μυρομένη τε·
χρύσεον λύχνον ἔχουσα φάος περικαλλὲς ἐποίει
κεῖνον ὀιομένη τὸν κάμμορον, εἴ ποθεν ἔλθοι   5
νηχόμενος· καὶ λαῖτμα τάχισθ' ἁλὸς ἐκπεράασκε

20. [LUXORIUS (6. Jhdt. n. Chr.)]

Hero und Leander

Liebe bahnte dem Jüngling den Weg durch grausame Wogen;
auch in den harten Tod bahnte die Liebe den Weg.

21. DER MYTHOGRAPH I der Vatikanischen Bibliothek (5.–12. Jhdt.)

Leander und Hero

Die Nachbarstädte Sestos und Abydos trennt eine dazwischen liegende Meerenge; die eine verdankt ihren Ruhm Leander, dem schönen Jüngling, die andere der schönen Hero. Da sie nicht zueinander konnten, loderte die Flamme der Liebe tief in ihren Herzen. Der Jüngling, nicht fähig die Glut länger zu ertragen, suchte auf alle Weise eine Möglichkeit, das Mädchen zu erreichen. Doch fand er zu Lande keinen Zugang zu Hero; von Liebesglut und Verwegenheit beseelt, vertraute er sich daher dem Meere an. So kam er Nacht für Nacht zu seinem Mädchen geschwommen, das ihm voll Eifer am gegenüberliegenden Ufer ein Licht auf dem Turme entgegenstrahlen ließ, das ihm den nächtlichen Weg zu ihr weisen sollte. Eines Nachts jedoch blies der Wind ungewöhnlich scharf und löschte die Fackel; irrend und nicht mehr im klaren darüber, wohin er sich wenden solle, versank er auf hoher See. Als Hero am nächsten Tage seine Leiche an Land gespült sah, stürzte sie sich in ihrem Schmerz von der Höhe des Turmes. So nahm sie zusammen mit dem, dessen irdische Lust sie geteilt hatte, auch die Bitternis des Todesgeschickes auf sich.

22. LEON PHILOSOPHOS (um 900 n. Chr.)

Auf der Spitze des Landes am breiten Hellespontos
stieg sie dereinst in den Söller empor, die schüchterne Jungfrau,
stand dann hoch auf dem Turm und jammerte seufzend und klagend;
mit der goldenen Lampe verstreute sie leuchtenden Schimmer,
in der Erwartung des Freunds, des unseligen, ob er wohl komme,
schwimmend; und eilend durchdrang er die Fluten des strudelnden Meeres

νύκτα δι᾽ ἀμβροσίην, ὅτε θ᾽ εὕδουσι βροτοὶ ἄλλοι·
ῥόχθει γὰρ μέγα κῦμα ποτὶ ξερὸν ἠπείροιο.
ὅσσαι γὰρ νύκτες τε καὶ ἡμέραι ἐκγεγάασι,
παρθένος ἠίθεός τ᾽ ὀαρίζετον ἀλλήλοισιν   10
εἰς εὐνὴν φοιτῶντε φίλους λήθοντε τοκῆας,
οἳ Σηστὸν καὶ Ἄβυδον ἔχον καὶ δῖαν Ἀρίσβην.

(Anth. Pal. IX 381)

23. Mythographus Vaticanus II

Leander et Hero

Leander Abydenus et Hero Sestias fuerunt invicem se
amantes. Sed Leander natatu ad Heron ire consueverat per
fretum Hellespontium, quod Seston et Abydon civitates interfluit. Extincta autem casu face, quam Hero statuto tempore
praetendere solebat, iuvenis tempestate periit. Cuius corpus
quum ad puellam delatum fuisset, ipsa se praecipitavit in mare.

(II 218 Bode)

24. Mythographus Vaticanus III

Ad huius figuram fabula respicit de Hero et Leandro con-
ficta. Hero enim amor, Leander virorum solutio interpretatur.
Amavit igitur iuvenis Leander Heron puellam transmarinam.
Ad quam quum de nocte nataret, illa in terra contra stans, ne a
suo litore aberraret, lampadem ei accendebat. Quadam nocte
orta tempestate extinctaque lucerna iuvenis submersus est.
Cuius corpus ubi virgo vidit eiectum, se quoque in mare prae-
cipitem dedit. Leander igitur, id est virorum solutio, per virtutis
derelictionem et ignaviae indulgentiam Heron amat, id est in
amorem et libidinem incurrit. Sed libidine quilibet succensus,
dum ad id tendit, quod ardenter diligit, numquam sane videt,
quod expedit. Nam et nocte natat, id est in obscura pericula
tentat. Hero ei lucernam, ne aberret, accendit. Et quid aliud
amor nisi ardorem importat et desideranti viam periculosam

durch die ambrosische Nacht, da andere Sterbliche schlafen;
denn die mächtige Woge erbrauste am schroffen Gestade.
Wieviele Nächte auch immer und wieviele Tage gewesen,
kamen Jungfrau und Jüngling zu holdem Geplauder zusammen,
wandelnd zum bräutlichen Lager, geheim vor den Eltern, den lieben,
welche Sestos, Abydos, das hehre Arisbe besaßen.

(nach H. Beckby)

23. DER MYTHOGRAPH II der Vatikanischen Bibliothek (9.–12. Jhdt.)

Leander und Hero

Leander aus Abydos und Hero aus Sestos liebten einander. Leander pflegte
zu Hero über den Hellespont zu schwimmen; diese Meerenge liegt zwischen
den Städten Sestos und Abydos. Da verlosch einmal zufällig die Fackel, die
Hero zur ausgemachten Stunde auszustecken pflegte, und der Jüngling ertrank im Unwetter. Als seine Leiche zu dem Mädchen gespült wurde, stürzte auch sie sich ins Meer.

23. DER MYTHOGRAPH III der Vatikanischen Bibliothek (9.–12. Jhdt.)

Auf Venus bezieht sich auch die Sage von Hero und Leander. Hero heißt
»Liebe«, Leander »Manneslösung.« Der Jüngling Leander liebte Hero, das
Mädchen überm Meere. Wenn er nachts zu ihr schwamm, entzündete sie
ihm auf der Gegenküste ein Licht, daß er nicht vom richtigen Strande ab-
komme. Aber in einer Sturmnacht verlosch die Lampe und der Jüngling
ertrank. Als die Jungfrau seine Leiche angespült sah, stürzte auch sie sich ins
Meer. Leander also, »Männerlösung«, liebt unter Abweichen von männ-
licher Haltung und Hingabe an Verweichlichung Hero, d. h. er stürzt sich
in Liebe und Lust. Wer aber von Lust entbrennt, der sieht im Streben nach
dem glühend geliebten Gegenstand freilich nicht mehr, was nützt. So
schwimmt er in der Nacht, d. h. er stürzt sich in dunkle Gefahr. Hero entzündet, daß er nicht irre, ihm ein Licht. Was tut die Liebe anderes, als daß sie
Glut entfacht und dem Verliebten den Weg der Gefahr weist? Aber das
Licht verlöscht alsbald, weil das Feuer jugendlicher Liebe nicht lange währt.

ostendit? Lucerna autem statim extinguitur, quia iuvenilis amoris ardor non diu perseverat. Denique et nudus natat, ea videlicet de causa, quod amoris illecebra affectatores suos a substantia et consilio nudare consuevit et in pericula sicut in mare iactare. Quod autem lucerna extincta utrique causa mortis est, iuxta Fulgentium evidenter significat, quod in utroque sexu libido commoritur. Denique in mari ambo moriuntur, id est in senectute inquietationis libidinum obliviscuntur. Senectus enim quod frigida et humorosa sit, mari comparabilis videtur. Nam et tempestas, qua periit, possessionis distractionem designat; cuius consideratio libidinis incendium saepissime enecat.

(III 11, 19)

25. BALDERICUS ABBAS BURGULIENSIS

fragmentum mythologicum

> Votis omnimodis adamaverat Hero Leandrum,
>   tantundem vero plusve Leander eam. 955
> Aequora tranabat compulsus amore Leander,
>   nocte natat nudus tactus amore gravi.
> At ne nocturnae caliginis anxietate
>   offensus campis erret in aequoreis,
> accensis facibus venienti virgo Leandro 960
>   ostentat lumen notitiamque viae.
> Optato iuvenis sic litore saepe potitus
>   optatis etiam colloquiis potitur.
> Virginis optatae paulo recreatus amore
>   cras regressurus nando redit iuvenis. 956
> Altus amor poterat duros leviare labores;
>   nam nihil est, quod non vicerit altus amor.
> Taliter exegit demens homo tempora multa
>   depastus furiis insaturabilibus.

chließlich schwimmt er auch nackt; aus dem Grunde natürlich, weil die
Verlockung der Liebe ihre Anhänger gewöhnlich um Habe und Verstand
ringt und in Gefahren wie ins Meer stürzt. Daß das Verlöschen des Lichtes
beiden die Ursache des Todes wird, zeigt nach Fulgentius augenscheinlich,
aß in beiden Geschlechtern der Lusttrieb erstirbt. So kommen am Ende
eide im Meere um, d. h. im Alter vergessen sie auf die Beunruhigung
urch den Trieb. Denn da das Alter kalt und feucht ist, scheint es dem Meer
vergleichbar. Sogar der Sturm, in dem er umkam, bezeichnet den Verlust
es Besitzes; der Gedanke daran ertötet gar häufig den Brand der Liebeslust.

15. BAUDRI DE BOURGUEIL (1046–1130)

Hero und Leander (zwischen 1099 und 1102)

> Mit ihrem Trachten und Sinnen war Hero verliebt in Leander,
>> ebensoviel oder mehr liebte Leander sie selbst.
> Über die See schwamm Leander, von heißer Liebe getrieben,
>> nächtens schwimmt er nackt, traf ihn die Liebe doch schwer.
> Aber, damit er nicht aus Angst vor dem nächtlichen Dunkel,
>> kommt vom richtigen Weg, irrt in der Weite des Meers,
> weist mit entzündeter Fackel dem liebenden Jüngling Leander,
>> kommt er, die Jungfrau stets Licht und Bezeichnung des Pfads.
> Das ersehnte Gestade erschwamm so der Jüngling sich häufig,
>> auch das ersehnte Gespräch wurde ihm häufig zuteil.
> Und erfrischt von der Glut der Geliebten schwimmt dann der Jüngling
>> wieder am nächsten Tag zu seiner Heimat zurück.
> Denn tiefsitzende Liebe erleichterte hartes Bemühen;
>> nichts gibt es ja, das nicht stets tiefe Liebe erzwingt.
> Auf diese Art verbrachte der Tor ein Großteil der Tage,
>> war den Furien stets, die nimmer satt sind, ein Fraß.

Accidit ut iuvenis properus semel aequora tranans   970
   errans tabuerit fluctibus in mediis.
Nam citius solito veniens properantior Hero
   lumine succenso sustinuit iuvenem;
lentius et solito tardavit adesse Leander
   et vada tranabat ut pigrior solito.   975
Exspectans quid non dubitaverit anxia virgo,
   quid non sollicito pectore rettulerit?
Infelix virgo quid non simulaverit Hero?
   Nam quid non semper cor muliebre timet?
Nam quia tutus amor nusquam nec femina tuta,   980
   iam nec amatori credit amica suo.
Aut magis ergo suum simulabat amore Leandrum
   alterius captum postposuisse fidem,
quae res non modice cor amantis sollicitabat,
   corda puellarum quod magis excruciat.   985
Aut aliquando defecisse sub aequora sperat
   virgineusque timor iste secundus erat;
at rursus graviter reiectam se dubitabat,
   quod gravius tandem vulnus adegit eam.
Exstinctis facibus ad limina virgo recedit   990
   nec super exspectat qui prope nans aderat.
Nox erat et tenebras sine stellis et sine luna,
   ventosum tempus et pluviale dabat.
Iamque, Leander, eras mediis in fluctibus errans,
   cum fortuna gravis te super incubuit: 995
Conspicis exstingui, iuvenis miserande, lucernam,
   et pro re insolita sollicitus titubas.
Namque reaccensas si posses cernere flammas,
   exstinctum lumen flatibus incuteres.
Nunc, quia nulla manus, sors nulla facem referebat   1000
   cogeris ut dubites, cogeris ut timeas.

Einmal geschah es: Der eilende Jüngling, schwimmend im Meere,
    irrte, es schwand in der Flut Mitte ihm plötzlich die Kraft.
Rascher als sonst fand sich voreilig ein die liebende Hero,
    mit entzündetem Licht wartete sie ihres Liebs;
langsamer aber als sonst verzögert' die Ankunft Leander
    und überquerte die Furt lässiger, als er sonst tat.
Was bedachte das ängstliche Mädchen bei sich wohl im Warten,
    welche Gedanken erwog sorgendurchschüttelt die Brust?
Was alles malte sich aus unselig wohl Hero, die Jungfrau?
    Denn was sieht nicht vor Angst immer das Herz einer Frau!
Nie ist ja sicher die Liebe, nie fühlt das Mädchen sich sicher,
    darum vertraut auch jetzt nicht mehr die Freundin dem Freund.
Denn sie bildet sich ein, ihr Leander sei von der Sehnsucht
    nach einer andren erfaßt, habe die Treue verletzt –
was nicht wenig das Herz der liebenden Jungfrau erregte:
    Mädchenherzen erfüllt solch eine Sorge mit Qual.
Oder es schwebte ihr vor, im Meer sei der Jüngling versunken;
    das war die andere Angst, welche die Jungfrau empfand.
Doch das Bedenken kam wieder, zurückgesetzt sei sie verächtlich,
    was ihr am Ende doch gab einen viel schwereren Stich.
Sie verlöschte die Fackel und eilte zurück zu der Schwelle,
    wartete nicht mehr auf ihn, der in der Nähe schon schwamm.
Nacht war es; stockschwarzes Dunkel, verlassen vom Mond und von Sternen,
    führte das Wetter herauf, wütend mit Regen und Sturm.
Mitten im Wogengebraus kämpfst du dich vorwärts, Leander,
    als hereinbrach auf dich jählings ein schweres Geschick:
Armer Jüngling, du siehst, wie auf einmal verlosch deine Lampe;
    ungewöhnlich ist dies, und es erfüllt dich mit Angst.
Hättest du wieder aufs neu die Flamme entzündet gesehen,
    schobst dem Wehen des Winds wohl das Verlöschen du zu.
So aber, da kein Hand, kein Geschick das Licht neu entfachte,
    zwingt dies Sorgen dir auf, zwingt dich der Umstand zur Angst.

Sed quid praecipue timeas discernere nescis,
    nam plus quam de te de novitate times.
Ipse times, quod eam substraverit humidus Auster,
    vel, quia praetumido gurgite tabuerit,   1005
vel, quia compererit rem facti callida mater
    et castigatam traxerit in thalamos,
aut aliquis solam vel amicus vel violentus
    vicerit aut precibus flexerit ad vitium.
Multa timet, cui multa quidem suspecta supersunt,   1010
    nec locus in fluviis est sibi consilii.
In dubio tamen est, mediis ne erraverit undis
    atque errore viae subrutus occiderit,
an magis ex nimia defecerit anxietate
    cordis, cum plus, quam debuit, extimuit.   1015
Sed quicquid fuerit, mediis defecit in undis
    et tamen ad litus corpus adegit amor.
Ad solitum litus venit miserabile corpus,
    Hero quod lacrimas atque necem peperit.
Sic etenim venit defunctus tramite recto,   1020
    ut vivus numquam rectius adfuerit.
Postquam clamantum voces intelligit Hero,
    irruit et laceris artubus inicitur.
Infundit lacrimis iuvenem siccatque capillis;
    et neutrum sentit, proficit et neutrum.   1025
Postquam nulla dabat responsa nec ossa calorem
    accepere suum totaque spes aberat,
quo potuit nisu miserum complectitur Hero
    adstringens ulnis cognita membra suis;
«care Leander» ait «tibi nunc occasio mortis   1030
    infelix ego sum scilicet Hero tua.
Hoc saltem liceat tua numquam separet a te,
    quodque fuit tibi mors, mors mihi sit pelagus.

Was du am meisten sollst fürchten, du weißt es nicht zu entscheiden,
  der ungewöhnliche Fall ängstigt dich mehr als dein Heil:
Warf sie der feuchtschwüle Südwind – so fürchtest du – nieder zu Boden,
  oder wurde sie gar tosendem Strudel ein Raub,
oder kam die Geschichte der schlauen Mutter zu Ohren
  und die gezüchtigte Maid ward in die Kammer geschleppt
oder hat irgend ein Freund, ein Verbrecher das einsame Mädchen
  mit Gewalt oder gar mit schönen Worten verführt?
Vieles bedenkt er, dem viel Verdächtiges weiterhin einfällt,
  doch ist mitten im Meer für Überlegung kein Platz.
Ungewiß bleibt jedenfalls, ob er irrte inmitten der Wogen
  und, in der Richtung getäuscht, tief in den Fluten versank
oder aus zu großer Herzensangst seine Kräfte versagten,
  da er der Sorgen sich mehr machte, als nötig es war.
Was auch immer der Grund: er versagte inmitten der Fluten,
  aber den Leichnam trug dennoch die Liebe ans Land.
Das gewohnte Gestade erreichte der elende Körper,
  der für Hero jedoch Tränen nur brachte und Tod.
So nämlich kam der Entseelte zuletzt auf dem richtigen Wege,
  daß er im Leben niemals richtiger fand seinen Pfad.
Als sie der Rufenden Stimmen vernommen, eilt Hero zur Stelle,
  wirft, auf die Glieder gestreckt, auf die zerschlagnen, sich hin.
Sie betränt den Jüngling, sie trocknet ihn mit ihrem Haupthaar;
  beides empfindet er nicht, beides bleibt ohne Erfolg.
Als keine Antwort erfolgte und als die Gebeine der Wärme
  sich versagten und als keinerlei Hoffnung mehr blieb,
da umfaßte Hero mit Macht den elenden Leichnam
  und sie schlingt den Arm fest um den Leib, den sie kennt.
»Teurer Leander« so ruft sie »dir bin ich jetzt Anlaß zum Tode,
  ich, deine Hero, die ich, ach, so unselig nun bin.
Sei doch der Deinen vergönnt, sich niemals von dir mehr zu trennen,
  und das Meer, das für dich Tod war, sei mir auch der Tod!

Gaudeo, si tecum sub eadem subruar unda,
    ipsa tibi mortis, tu quoque causa mihi.   1035
Res est in patulo, quia me spes falsa fefellit;
    quae de te timui, falsior ipsa fui.
Dulcis amice, vale, vale inquam, dulcis amice;
    immolat extremum mox peritura vale.
Obsecro vos, venti, flatus coniungite nostros!   1040
    Corpora iuncta simul, tu mare, suscipias!»
 Dixit et adstrictum post oscula mille cadaver
    seque simul virgo proripit in pelagus.
Hic consummavit, si creditur, exitus ambos
    castigans hos, qui non sapienter amant.   1045
Res impossibilis, sapiens quam Graecia finxit,
    te movet ad sensum, qui legis haec, alium.
Est «resolutus homo» per consona dicta «Leander»
    vel, quae dissolvit res fluidos homines;
et resolutus homo subito consentit amori   1050
    et natat in mundo iam velut in pelago.
Nam furibundus amor postquam distemperat artus,
    in mare fluctivagum nocte trahit miserum.

                         (CCXVI 954-1053)

26. Marcus Valerius

Carmen Apollinis

    »Hoc tibi, Pan, satis est; referam nunc digna Napea.»
    Dixerat et molli tenuabat carmine musam.   55
    Nec mora Sextiacam recolit miseranda puellam
    atque Leandreis narrat freta pervia flammis.
    Inflexa est tibi nempe, puer, via; fracta gemescunt
    aequora, te cautes reboant, tibi litora plangunt.
    Quo ruis, heu, tumidas non durature procellas?   60
    Quo ruis? Heu, tantis vix litus sufficit undis.

Freudig will ich versinken mit dir in der nämlichen Woge;
   war ich dir Anlaß des Tods, seist du der Anlaß für mich!
Klar ist die Sache und deutlich: mein falsches Wähnen betrog mich;
   was ich gefürchtet von dir: untreuer war ich doch selbst.
Süßer Freund, lebe wohl, lebe wohl, sag ich, süßester Liebling;
   ich, zum Sterben bereit, grüße mit letztem Lebwohl!
Euch, ihr Winde, beschwör ich, vereinigt den Hauch unsrer Seelen,
   unsere Körper, Meer, nimm sie zusammen nun auf!«
Sprachs und preßte den Toten an sich; nach unzähligen Küssen
   stürzte die Jungfrau sich selbst mit ihm zusammen ins Meer.
Das war das Ende beider – du glaubst wohl gar dieses Märchen –
   denen zur Lehre, die nicht lieben vernünftiger Art.
Diese unmögliche Fabel, erdichtet von griechischer Weisheit,
   bringt dich, der du sie liest, zu einem anderen Sinn;
denn »Leander«, das heißt nach dem Wortlaut »Lösung der Männer«
   oder die Macht, die den Mann ohne Charakter zersetzt;
dieser »zersetzte« Mann, er folgt seiner Leidenschaft plötzlich
   und er schwimmt in der Welt wie einst Leander im Meer.
Denn die rasende Liebe zersetzte der Glieder Verhältnis,
   nachts wirft sie in der Flut elend den Schwimmer umher.

6. MARCUS VALERIUS (12. Jhdt.)

Aus »Apolls Gesang«

   »Dies dir, Pan; es genügt! Was kommt, gilt der Nymphe Napea«.
Sprach's und stimmte herab zu rührendem Sang seine Muse.
Klagenden Tones gedenkt sie alsbald des Mädchens von Sestos
und erzählt von der Furt, durchquerbar der Glut des Leander.
Gradeaus führt dich der Weg, du Knabe. Es seufzt der zerwühlte
Spiegel des Meers, dich hallen die Riffe, dir klagen die Küsten.
Wohin eilest du? Weh! Du bestehst den furchtbaren Sturm nicht!
Wohin eilest du? Weh! D e n Fluten trotzt nicht das Gestade!

Ah, nimium deflendus eris, si forte revertens
consummata potens esses post gaudia mensus;
praevertit sed vota dolor propiusque fremescit
aequor et in saevam conspirant flamina mortem.   6
Ipse relabenti fractus iamiamque natando
deficit et surdis pereunt lamenta procellis.

(Bucolica IV 56–67)

27. NIKETAS EUGENIANOS

Τῶν κατὰ Δροσίλλαν καὶ Χαρικλέα βιβλία θ'

Ἡροῦς ἐρῶν Λέανδρος ὁ τλήμων πάλαι,   47
ὤμοι, θαλασσόπνικτος εὑρέθη νέκυς,
φεῦ, τοῦ λύχνου σβεσθέντος ἐκ τῶν ἀνέμων.
Ἄβυδος οἶδε ταῦτα καὶ Σηστὸς πόλις.
πλὴν ἀλλὰ καὶ θάλασσαν εὑρηκὼς τάφον   47
σύντυμβον αὐτὴν ἔσχε τὴν ἐρωμένην
ἐκ τείχεος ῥίψασαν αὐτὴν εἰς ὕδωρ·
οὓς γὰρ πόθος συνῆψεν εἰς συζυγίαν,
τούτους ἐκεῖνος ἦξεν εἰς συντυμβίαν.
δυστυχὲς ἦν ἐκεῖνο τέρμα τοῦ βίου,   480
ὡς ὄλβιον κατ' ἄλλον εὑρέθη τρόπον.
συντυμβίαν γὰρ ἔσχεν ἰσοψυχία
ἓν φίλτρον, ἓν νόημα σωμάτων δύο.
ὦ πνεύματος σβέσαντος ἀκτῖνας δύο·
ἔσβεστο λύχνος καὶ συνεσβέσθη πόθος.   48
ὦ πνεύματος ῥίψαντος ἀστέρας δύο,
Ἡρώ τε καὶ Λέανδρον, ἐν βυθῷ μέσῳ.

(VI 471–488

28. ANTONINUS VOLSCUS

argumenta Heroidarum

Leander Abidenus cum Sestiae Herus amore teneretur, noctu
maris angustias, ut Philostratus scribit, natare ad illam consueverat.

(arg. XVIII

Wirst doch zu sehr bejammernswert sein, selbst wenn bei der Rückkehr
nach dem Genuß du fändest die Kraft das Meer zu durchmessen.
Doch das Leid überholt deinen Wunsch. Die Flut in der Nähe
tost und zu grausigem Tod wirken alle die Winde zusammen.
In der gegenströmenden Brandung vom Schwimmen zerschlagen,
gibt er auf, es verhallt in tauben Stürmen sein Klagen.

27. NIKETAS EUGENIANOS (12. Jhdt. n. Chr.)

Aus dem Epos in 9 Gesängen »Drusilla und Charikles«

Leander, der unselge, der die Hero liebt,
weh, tot ward er gefunden und ertränkt im Meer,
weh, denn die Leuchte ward von Winden ausgelöscht.
Abydos kann's bezeugen und die Sestosstadt.
Doch fand er immerhin in seinem Meeresgrab,
Genossin seiner Stätte, die Geliebte vor,
die sich vom Turme stürzte selbst tief in die Flut.
Die Sehnsucht einst zusammenführte zu dem Bund,
die führt' sie auch zusammen in ein einzig Grab.
Unselig war das Ende seines Lebens so,
doch selig wieder, sieht man's andrer Weise an.
Ein Grab erlangte nämlich einer Seele Paar,
ein Bündnis, ein Gedanke in zwei Körpern, da.
O Windhauch, der zwei Strahlen ausblies auf einmal:
zugleich erlosch die Leuchte, und die Sehnsucht auch!
O Windhauch, der zwei Sterne du herabgestürzt,
Leander, Hero, mitten in des Meeres Grund!

28. ANTONINUS DER VOLSKER (15. Jhdt.)

Aus den Vorreden zu den Heroiden des Ovid

Da Leander aus Abydos von der Liebe zur Sestierin Hero gefesselt war,
pflegte er nächtlich die Meeresenge zu ihr zu durchschwimmen, wie Philostratos schreibt.

29. MARCOS MUSUROS

Μάρχου Μουσούρου τοῦ Κρητός

Νηὸς ἔην ἀνὰ Σηστόν, ἀγίνεον ἧχι θυηλὰς
Κυπρογενεῖ σπεύδοντες ἐτήσιον· αὐτὰρ ὁ τόξον
οὖλος Ἔρως βάσταζε· διοϊστεῦσαι δὲ μεμηνὼς
ὀξέα δενδίλλεσκε· πιχρὸν δ' ἴθυνεν ὀιστὸν
μητρὸς ἐπ' ἀρήτειραν· ἐπισπέρχων δ' ἐπελάσθη
ἥπατι Λειάνδροιο κόρης φρένας αἶψα περήσας.
Ἀμφότεροι δὲ πόθου αὐτῷ πεφορημένοι οἴστρῳ
ἀλλήλων ἀπόναντο· γάμων δὲ συνίστορα λύχνον
λαθριδίων θήκαντο. Σιδήρειον δὲ λελογχὼς
αἶμα, πολυπλάγκτης προὔδωκε ποθεῦντας ἀέλλαις
καί σφε φάους μὲν ἄμερσεν, ἄμερσε δὲ καὶ φιλοτήτων.

30. DEMETRIOS DUKAS

Δημητρίου Δούχα τοῦ Κρητός

Καὶ μέγα μιχρὸν καὶ σμιχρὸν μέγα, καὶ τόδε ὡς δεῖ
πρᾶξαι, ὑμνοπόλοις Φοῖβος ἔδωκε μόνοις.
Παρθένος Ἡρὼ Λείανδρός τε βροτοί περ ἐόντες,
εἰσὶ δὲ ἀθάνατοι τερψινόοις ἔπεσιν.
Εἰ δὴ Μουσαῖός τις ἐμ' ὑμνήσαιτο θανόντα,
αὐτίκα τεθναίην, ὄφρα βίοιο τύχω.

29. MARCUS MUSURUS (1470–1517)

Gedicht des M. Musurus aus Kreta (1494)

Einst stand ein Tempel in Sestos, da fand alljährlich ein Fest statt
für die Kyprosgeborne, voll Eifer. Doch spannte den Bogen
grausam der Liebesgott. Begierig, sie zu durchbohren,
zielte er lange und scharf und schoß seinen bitteren Pfeil auf
seiner Mutter Priesterin ab. Der aber flog weiter,
als er des Mädchens Herz durchbohrt, in die Leber Leanders.
Beide, vorwärtsgetrieben vom Stachel der nämlichen Sehnsucht,
hatten einander lieb. Als Zeugen des heimlichen Bundes
steckten ein Licht sie aus. Doch mit ehernem Blute versehen,
gab der Vielverschlagne die Liebenden Stürmen zum Opfer,
löschte ihnen das Licht und verlöschte zugleich ihre Liebe.

30. DEMETRIOS DUKAS (15./16. Jhdt.)

Distichen des Demetrios Dukas aus Kreta (1514)

Großes ist klein und Kleines ist groß – das richtige Maß doch
    gibt den Sängern allein Phoibos für ihren Gesang.
Hero, die Maid, und Leander, sie waren nur sterbliche Menschen;
    aber durch Sangesmacht wurden Unsterbliche sie.
Sollte mich ein Musaios nach meinem Tode noch preisen,
    stürbe ich gerne sofort – Leben gewönne ich ja!

31. Die Königskinder

Zwischen zweyen burgen
da ist ein tieffer See;
auff der einen burge
da sitzet ein edler Herr.

Auff der andern burge
do wont ein Junkfraw fein;
sie weren gern zusammen,
ach Gott, möcht es gesein!

Da schreib er jr herüber,
er künd wol schwimmen,
und bat sie da herwider,
sie solt jm wol zünden.

Da schreib sie jm hinwider
ein freundlichen gruß
und bot jm daherwider,
sie wolt es gern thun.

Sie gieng in schneller eyle,
da sie ein Kertzenliecht fandt,
sie stekt es gar wunderbalde
an ein steinen wandt.

»Stell ichs dir zu hoche,
so loeschet mirs der windt;
stell ichs dirs zu nider,
so loeschen dirs die Kindt.«

Das merkt ein wunderböses weib:
»das liecht dunkt mich nit gut;
ich förcht, das vnser Tochter
nit wol sey behuet.«

Sie nam es von der waende
und loeschet es zu derselben stundt;
da gieng dem Edlen Ritter
das wasser in den mundt. –

»Ach Mutter, liebe Mutter,
erlaub mir an den See
ein wunderkleine weile,
mir thut mein haeuptlein wee.«

»Ach Tochter, liebe Tochter,
wilt du nun an den See,
so nimb dein Juengste schwester
mit dir spacieren an den See!«

»Mutter, liebe Mutter,
mein schwester ist noch ein kindt;
sie bricht die roten Roeßlein ab,
die auff der heyden sind.

Ach Vatter, lieber Vatter,
erlaub mir an den See
ein wunderkleine weile,
mir thut mein haeuptlein wee.«

Ach Tochter, liebe Tochter,
hut dir dein haeuptlein wee,
o nimm dein jungsten Bruder
mit dir spacieren an den See!«

Ach Vatter, lieber Vatter,
mein bruder ist noch ein kindt;
r scheußt die kleinen waldfoegelein,
die auff der heyden sind.«

Die Junkfraw war behende,
sie thet ein abentgang,
sie lieff gar wunderbalde,
da sie ein Fischer fandt.

Ach Fischer, lieber Fischer,
vnnd schlag ein haken zu grundt!
es ertrank sich naechten spate
ein Ritter huebsch vnd jung.«

Der Fischer was behende,
er thet, was man jn hieß;
er schlug den edlen Ritter
den haken in seine fueß.

Er nam jn bey der mitten,
er leyt jrn in die schoß;
mit heissen traehenen
sie den Ritter vbergoß.

Was zog sie ab der hende?
von Gold ein fingerlein:
»seh hin, Fischergeselle,
das sol dein eigen sein.

Nun gesegen dich, Vatter vnnd
ich spring auch in den See; [Mutter,
es sol vmb meinetwillen
ertrinken kein Ritter mee!«

(Nürnberg, nach 1563)

Et wassen twee Künigeskinner,
de hadden eenander so leef;
de konnen tonanner nich kummen,
dat water was vil to breed.

(Westfalen 1842)

32. Minime ad hanc fabulam pertinere videntur

a) Oxyrhynchus Papyri VI Nr. 864, p. 172

π]ενθηρει στολη / στενουσα   7
  ]ποντιων
μ]αζον ὄλεναις / κοπτουσα
  ]υς χορους οπου θεους εδαι[10
  ]
  ]
  ]ς
  ]ς αιωρων νεκυν / παν
Ε]λλησποντιαν / καθ εκ . [
πε]φυρμενοι / τοτ ἐκ θαλα[σ
  ]μιας / αλευεται ενθα
  ]ν / αμουσον ακτης
  ]ν μελος / επειτα παν
  ]κλυδων / οποια κοχλου[ς
  ]ς / κοιλαι δε πετρων
  ]αδες / μυκηδον εκροτο[υν
  ]ενων ανοιξας κολπον[
  ]· ων / θρηνωδον [· · · ·
  ]ε χαλκεου / φανταζε[. . .
ο]υς βροντης κτυπο[υς

b) C. Plinius Secundus

   pinxit et heroa nudum eaque pictura naturam ipsam pro-
vocavit.   (nat. hist. XXXV 10, 36, 94)

32. Zu unseren Mythen gehören wohl nicht

a) OXYRHYNCHUS-PAPYRUS 864

im Trauergewand seufzend

... meeres ...

... die Brust mit den Armen schlagend

... Chöre, wo die Götter ...

. . . . . .

. . . . . .

. . . . . .

... schaukelnd den Toten ...

hellespontisch ...

besudelt da aus Meeres ...

... flieht wo

... unmelodisch der Küste ...

... Lied dann ...

... Woge wie Muscheln ...

... hohl, der Felsen ...

... brüllend rauschten ...

... öffnend den Busen ...

... Klagegesang ...

... ehern ...

... des Donners Lärm ...

b) PLINIUS DER ÄLTERE (23–79 n. Chr.)

[Apelles] malte auch einen nackten Helden und mit diesem Gemälde
forderte er sogar die Natur heraus.

I. Zu Musaios' Hero und Leander

Der Dichter und sein Werk

Der Dichter des Epyllions »Hero und Leander«, im Titel seines Werks von den Handschriften als »der Grammatiker« eingeführt, ist uns sonst nicht bekannt; nur Rückschlüsse aus seinem Gedicht helfen geringfügig weiter. So zeigt etwa Vers 139 seine Berührung mit dem Christentum. Wo er lebte, wissen wir nicht; da ihn aber zahlreiche Entlehnungen in der Wortwahl, sein Stil und vor allem die metrische Technik seines Hexameters als Anhänger der »ägyptischen« Schule des Nonnos aus Panopolis, des letzten großen Epikers, ausweisen, mag er wohl aus dieser Gegend stammen. Nonnos' Dionysiaka, um 430 bis 450 gedichtet, ergeben zugleich den terminus post quem. Schwieriger ist die andere Begrenzung. Da Paulos Silentiarios und Agathias in der Mitte des 6. Jahrhunderts sein Gedicht kennen, fällt sein Leben wohl in diese Epoche. Sollte die Übereinstimmung einiger Phrasen im »Raub der Helena« des Kolluthos, der unter Kaiser Anastasios (491–518) dichtete, eine Anlehnung an das Epyllion des Musaios sein (und nicht umgekehrt), dann wäre dieser noch im 5. Jahrhundert anzusetzen. Dann könnte er identisch sein mit dem Empfänger zweier Briefe des Rhetors Prokopios von Gaza (etwa 465–528)[1].

ep. 48 Μουσαίῳ	An Musaios
Ὁ λογιώτατος Παλλάδιος χρυσὸν ὅλον ἧκεν ἄγων τὴν ὑμετέραν ἐπιστολὴν καί, εἴγε μοι τὰ Κροίσου κεκόμικε τάλαντα, οὐκ ἂν οὕτως εὐμενέσιν εἶδον αὐτὸν ὀφθαλμοῖς. ἄλλοις μὲν γὰρ ἄλλο μέγα φρονεῖ, ὁ Λυδὸς χρυσῷ, ὁ Σπαρτιάτης τῷ δόρατι, χορδαῖς Ἀρίων καὶ κρούσμασιν, ἐμοὶ δὲ σεμνολόγημα σή τε θέα καὶ γράμματα	Unser gelehrter Palladios brachte deinen Brief mit, der goldeswert ist. Hätte er mir Krösus' Schätze besorgt, ich hätte ihn nicht mit wohlgeneigterem Blick empfangen. Jeder setzt seinen Stolz in etwas anderes, der Lyder auf sein Gold, der Spartaner auf seinen Speer, Arion auf Saitenspiel und Virtuosentum; ich prunke mit deiner persönlichen Be-

---

[1] F. Passow, Musaios, Leipzig 1810, pg. 97; E. Rohde, Griech. Roman³, pg. 472, 2; K. Seitz, Schule von Gaza, Heidelberg, 1892, pg. 16; R. Keydell, RE XXXI Sp. 768; Schmid-Stählin, Geschichte d. gr. Literatur II, München 1924, pg. 972; E. Malcovati l. c. pg. VII.

σὰ καὶ πᾶν, ὅ τι ἂν ὑμῶν ἀπολαύειν
ἐξῇ, ὥστε τῷ νέῳ καὶ μισθὸν ἡμεῖς
ἐκ τῶν δικαίων ὀφείλομεν, ὃν οὐκ
ἀποδιδόντες εἰκότως ἂν αἰσχυνοί-
μεθα. ὁ δὲ μισθὸς οὐ μὰ Δία χρυσὸς
οὐδὲ λίθοι τινὲς Ἰνδικαί – οὔτε γὰρ
τούτων πλουτῶ, οὔτε τούτων θηρεύ-
σων ὁ νέος ἀφῖκται – ἀλλ' οὐδὲ λόγων
κάλλος – οὐ γὰρ Μουσῶν εὔφορος ἐγώ,
οὐδέ γε τοῖς ἐξ Ἀττικῆς ἐναβρύνομαι·
ταῦτα γὰρ εὐδαιμόνων εὐτύχησαν παῖ-
δες – ἀλλ' εἰ τὴν ἐμὴν δόσιν, ἥ τις
ἐστίν, ἐθέλεις σκοπεῖν, εὔνοιά γε καὶ
προθυμία · τούτων γὰρ κύριος ἐγώ,
Δημοσθένης φησίν, τῶν δὲ ἄλλων τύχη
καὶ Μοῦσαι πρὸς τὸ δοκοῦν αὐταῖς
τὴν δωρεὰν πρυτανεύουσαι.

kanntschaft, deinen Briefen und allem,
was mir durch dich zuteil wird. So
schulde ich dem jungen Mann seinen
Lohn zurecht, und würde mich billig
schämen ihn vorzuenthalten. Freilich
besteht er nicht in Gold und indischen
Perlen – die habe ich nicht, auch ist der
Jüngling nicht auf der Jagd nach ihnen
hier eingetroffen – aber auch nicht in
schönen Worten – ich bin kein frucht-
barer Musengünstling und kann nicht
großtun mit attischer Wortkunst; das
wird nur Göttersöhnen in die Wiege
gelegt – aber wenn du meine Gabe, so
gering sie ist, eines Blickes würdigst:
es sind Zuneigung und Ergebenheit. Die
liegen in meiner Hand, sagt Demosthe-
nes; alles andere gewähren Geschick
und Musen nach ihrem Gutdünken.

ep. 60. Μουσαίῳ

Δέδεγμαι τὴν βίβλον ποθεινοτέραν
μοι γενομένην, ὅτι ταῖς ὑμετέραις ἀνα-
ληφθεῖσα χερσὶ τάχα τι καὶ μουσικὸν
ἐπεσπάσατο, ὡς τὸν κεχρημένον λοιπὸν
ὀξυτέρας οἶμαι τῆς διανοίας αἰσθάνεσθαι, οὐχ ἧττον ἢ Σωκράτης, ἡνίκα δὴ
παρὰ τὸν Ἰλισσὸν ἐκαθέζετο, ἔνθα καὶ
νυμφῶν ἱερὸν καὶ Πανὸς ἐνδιαίτημα.
ἀλλ' εἴθε μὴν καὶ τὰς ἄλλας βίβλους
λαβὼν τοιαύτας ἐργάσαιο, ὥστε με
κατὰ μέρος ἑκάστῃ προσβάλλοντα θει-
οτέρας ἀεὶ τῆς ἐπινοίας αἰσθάνεσθαι.

(R. Hercher, epistolographi Graeci
p. 549, 553)

An Musaios

Das Buch habe ich erhalten. Es macht
mir umso mehr Freude, weil es durch
die Berührung mit deiner Hand einer
Anhauch der Muse an sich gezogen hat
wer es in Zukunft benutzt, der erhält
glaube ich, einen schärferen Sinn dafür,
wie Sokrates, als er am Ilissos saß, wo
das Nymphenheiligtum lag und der
Lieblingsruheplatz des Pan. Möchtest
du auch alle anderen Schriften deiner
Hand in solcher Art vollenden, daß ich
von mal zu mal durch jede einen immer
göttlicheren Anhauch verspüre.

Dagegen lassen sich aus dem Gedicht der Anthologia Palatina IX 36.
keine Beziehungen ableiten:

Ἱμερόεις Ἀλφειέ, Διὸς στεφανη-
         φόρον ὕδωρ,
ὃς διὰ Πισαίων πεδίων κεκονιμένος
         ἕρπεις
ἡσύχιος τὸ πρῶτον, ἐπὴν δ' ἐς πόντον
         ἵκηαι,
ὀξὺς ἀμετρήτοιο πεσὼν ὑπὸ κῦμα
         θαλάσσης
νυμφίος αὐτοκέλευθος, ἐὼν ὀχετηγὸς
         ἐρώτων,
ἐς Σικελὴν Ἀρέθουσαν ἐπείγεαι
         ὑγρὸς ἀκοίτης.
ἡ δέ σε κεκμηῶτα καὶ ἀσθμαίνοντα
         λαβοῦσα,
φῦκος ἀποσμήξασα καὶ ἄνθεα πικρὰ
         θαλάσσης

Schöner Alpheios, du nährst mit
    Wasser die Kränze Kronions
und du windest bestäubt dich quer
    durch die Ebne von Pisa,
ruhig rinnend zuerst, doch wenn du
    zum Meere gekommen,
senkst du dich jäh in die Tiefe des
    unermeßlichen Meeres;
Freier auf eigener Bahn, Stromleiter
    der eigenen Liebe,
stürmst du Sizilien zu, du feuchter
    Gemahl Arethusas.
Die aber heißt dich, den Müden und
    Atemlosen, willkommen,
wischt dir die Algen hinweg und die
    salzigen Blüten des Meeres,

τίλεα μὲν στομάτεσσι συνήρμοσεν·
οἷα δὲ νύμφη
μτίον ἀμφιχυθεῖσα περίπλοκον
ἡδέι δεσμῷ
τίμενον ἐν κόλποισιν Ὀλύμπιον εὔ-
νασεν ὕδωρ...
κὶ φονίῃ ῥαθάμιγγι λιβάς κατεκρίνατο
πηγή
ὶδὲ Συρακοσίης ἔτι σοι μέλεν ἵμερος
εὐνῆς·
ορφυρέη δ᾽ ἀνέκοπτες ὕδωρ πεπιεσ-
μένον αἰδοῖ
εἰδόμενος καὶ πόντον ὁμοῦ καὶ
λέκτρα μιῆναι
ολλάκι δ᾽ εὐναίων ὀάρων βεβιημένος
ὁρμῇ
ὑτὴν ἐς φιλότητα χυτῆς ἀλόχοιο
περήσας
στήκεις ἄχραντον ὁρῶν Ἀρεθούσιον
ὕδωρ·
δέ σε παππαίνουσα Πελωριάδος
κατὰ πέτρης
άκρυσι κυμαίνοντα, κατοικτείρουσα
καὶ αὐτὴ
ὑειδὴς Ἀρέθουσα φίλους ἀνεκόπτετο
μαζούς,
αἱ δρόσος οἷα ῥόδοισιν ἐτήκετο·
μυρομένῳ δὲ
Πισαίῳ ποταμῷ Σικελὴ προσεμύρετο
πηγή·
ὑδὲ Δίκην ἔλαθεν πανδερκέα φοίνιος
ἀνὴρ
Ἑλλάδος ἀμώων ἄγαμον στάχυν, ᾧ
ἔπι πολλαὶ
ρώων ἄλοχοι, μινυώρια τέκνα
τεκοῦσαι
 καψιδίως, ὠδῖνας ἀνεκλαύσαντο
γυναῖκες...

küßt dir den Mund mit dem Mund, sie
schließt, wie ein Bräutchen um ihren
Bräutigam liebend um dich die Bande
der Arme und bettet
dein olympisch Gewässer an ihrem
Busen zur Ruhe...
Mordblut mischte sich dir in die
rieselnden Wellen; da zog es
deine Sehnsucht nicht mehr zur
syrakusanischen Liebe;
und in der purpurnen Schande verhieltst
du die Wogen und scheutest
ängstlich-beklommen zurück, das
Meer und das Bett zu entehren.
Oft, vom stürmischen Drang zu
bräutlichem Kusse getrieben,
eiltest du vorwärts zur Liebe der
feuchten Gefährtin, doch plötzlich
standest du wieder – du sahst
Arethusas reines Gewässer.
Sie aber blickte vom Felsen Peloris,
sie sah, wie die Tränen
wogend über dich rannen, und Mitleid
ergriff sie, die schöne
Arethusa, darob, sie schlug sich vor
Jammer den Busen
und verging wie der Tau an den
Kelchen der Rosen; da flossen
Klagen der Quelle Siziliens zu
Klagen des Stromes von Pisa.
Doch die allsehende Dike gewahrte
den blutigen Menschen,
der die Ähren der Jugend von Hellas
mähte, darüber
tausend Frauen der Helden, die
fruchtlos die Kinder zu kurzem
Lebenslichte geboren, die Wehen
des Schoßes beweinten...

(H. Beckby)

R. Holland[1]) deutet das Gedicht auf die Kämpfe der Goten unter Alarich
und weist es Musaios zu; aber Brunck[2]) bezieht es auf eine Schlacht zwischen
Pisa und Elis 364 v. Chr., Grotius[3]) wieder auf den Einfall des Bonifatius in
die Peloponnes im Jahre 1203 n. Chr. So hat es R. Keydell[5]) mit Recht bei-
seite gelassen.

›Hero und Leander‹ ist ein typisches Produkt später, hellenistischer Poesie.
Nur noch in bedeutenden Ausnahmefällen pflegt diese Zeit das große Epos;
das kleine Epyllion ist für die erzählende Dichtung charakteristisch geworden. Liebe, manchmal gesteigert zur pathologischen Erotik, ist der bevor-
zugte Inhalt; Gelehrsamkeit aitiologischer Forschung bekundet häufig ihren
Einfluß. Typisch ist vor allem der Aufbau: Nicht mehr in stetigem Flusse,

) Commentationes Ribbeckio oblatae, Leipzig 1888, pg. 383   [2]) Anthologia Graeca,
ed. H. Beckby Bd. III, München 1958, pg. 790   [3]) RE XVI 1, s. v. Musaios, Sp. 767

wie im alten Epos, läuft die Erzählung ab; die Aneinanderreihung einzelner
in sich abgeschlossener Scenen herrscht vor. Diese werden breit angelegt,
wohl gegliedert und mit Rede und Gegenrede ausgestattet, wogegen die
überleitende Verbindung kurz gehalten ist.

Die Einleitung (1–29) enthält neben dem gebräuchlichen Musenanruf die
Angabe des Ortes, der Personen und den Anlaß der Handlung. Der erste
Hauptteil, das Kennenlernen der Liebenden (30–231), läßt sich deutlich
gliedern: Schilderung Heros und des Kyprisfestes (30–54), die Schönheit
Heros und ihre Wirkung auf Leander (55–108), das Wechselgespräch der
Liebenden (109–231). Der zweite Hauptteil setzt mit 232 unmittelbar ein;
er enthält zunächst das erste Überschwimmen der Meerenge und die Hoch-
zeitsnacht (232–290); nach kurzem Übergang folgt dann der Bericht der
Katastrophe (291–343).

In Wortwahl und Stil hat der Dichter bewußt seine Kenntnis der helleni-
stischen Vorbilder deutlich gemacht; seine Kunstdichtung erwartet vom
Leser, daß er kundig auch die geringste Imitation erfasse und genieße. Im
Apparat von Ludwichs Ausgabe[1]) sind die Parallelen zusammengetragen,
G. Schott[2]) hat darüber hinaus die Anklänge an Kallimachos, an Bion, an
Theokrit und an Achilleus Tatios verfolgt. Für den modernen Leser ist diese
Art ästhetischen Genießens nicht mehr möglich; wir beschränken uns daher
auf diese Hinweise. Dagegen vermögen wir durchaus die Spannung zu erfas-
sen, die – vielleicht dem Dichter unbewußt – zwischen der prunkvollen,
barocken Diktion der Schule des Nonnos und der im ganzen schlichten und
geraden Gedankenführung der Erzählung entsteht. Aus dieser Differenz ist
es wohl zu erklären, daß das Urteil über unseren Dichter seit der Renaissance
alle Stufen vom höchsten Lob bis zum mitleidigen Bedauern durchschreitet.

Der Stoff und sein Nachleben

Am Hellespont standen an seiner engsten Stelle auf beiden Ufern Leucht-
türme; das gab Anlaß zu einem aitiologischen Mythos. Dieser knüpfte an
das allgemein menschliche Motiv an von den zwei Liebenden, die sich nicht
offen zueinander bekennen dürfen und in der Gefahr des Zusammenfindens
umkommen. Liebesdichtung und Aitiologie ergaben einen Stoff, wie ihn
die hellenistische Dichtung mit Vorliebe zum Vorwurf nahm. Eine solche
dichterische Gestaltung – uns leider unbekannt – brachte den Mythos den
Griechen und Römern der Kaiserzeit und auch unserem Musaios zu Kenntnis.
Sie zu konstruieren – vor allem aus Ovid und Musaios – war das Bestreben
moderner Wissenschaft[3]); überzeugend gelungen ist dies nicht[4]). Die

---

[1]) Berlin 1929 [2]) G. Schott, Hero und Leander bei Musaios und Ovid, Diss. Köln
1957, pg. 114 ff. [3]) Vergleiche besonders den minutiösen Versuch von Sittig, die
Vorlage zu konstruieren, in RE VIII Sp. 914 f. [4]) Wie wenig der Vergleich von
Musaios und Ovid ergibt, weil die verschiedenen Gattungen der Gedichte des Rö-
mers und des Griechen ihre eigenen Gesetze aufweisen und sich dies selbst auf den
Inhalt auswirkt, zeigt die Untersuchung von G. Schott.

Zeugnisse im lateinischen und griechischen Sprachbereich sind oben gesammelt im Wortlaut wiedergegeben; der Leser mag selbst ein Bild daraus
gewinnen. Im lateinischen Mittelalter ist die Quelle wohl Ovids Darstellung;
erst mit den Drucken der Renaissance setzt die Nachwirkung des Gedichtes
des Musaios auf die Weltliteratur ein. Das Volkslied von den Königskindern
in seinen zahlreichen Brechungen ist der lebendigste, weit verbreitete und
ergreifendste Beweis der Unsterblichkeit des antiken Mythos.

Innerhalb der deutschen Literatur führt M. Jellinek[1]) zuerst das mittel-
hochdeutsche Gedicht an, das v. d. Hagen in den Gesamt-Abenteuern[2]) ab-
druckt, sowie die Bearbeitung unserer Sage durch den holländischen Edel-
mann Dirk Potter[3]). Hans Sachs reimte 1541 die Erzählung »Die unglück-
hafft Lieb Leandri mit Fraw Ehron«; schon Sebastian Brant nannte 1494 im
Narrenschiff Leander unter den Venusnarren. Die Reihe der weiteren Dich-
tungen deutscher Zunge beschließt Jellinek mit Schillers Ballade »Hero und
Leander« und Grillparzers Drama »Des Meeres und der Liebe Wellen«.
Aus der englischen Literatur sei hingewiesen auf Chr. Marlowes Darstellung
in gereimten Distichen (1592) und auf Lord Byron, den unser Mythos so
berührte, daß er die 1,6 km des Hellespont am 3. Mai 1810 in 1 Std. 10 Min.
durchschwamm. Das Ereignis hat er in seinem Gedicht ›Als der Dichter von
Sestos nach Abydos geschwommen war‹ und im Don Juan (II Stanze 105)
festgehalten. Die zahlreichen, heute weniger bekannten Nachdichtungen in
der Literatur Italiens, Frankreichs und Spaniens findet der Interessent bei
E. Malcovati (pg. XVII ff.) zusammengesellt.

Auf die Darstellungen in der antiken bildenden Kunst und die Münz-
funde einzugehen, ist ohne Abbildungen nicht möglich. Verwiesen sei auf
die Zusammenstellungen im Artikel »Hero«, RE VIII Sp. 912–914 (Sittig) und
bei E. Malcovati, l. c. pg. XV. Die bildende Kunst der Neuzeit (darunter P. P.
Rubens Gemälde in der Dresdner Galerie) und die Vertonungen nennt
E. Malcovati pg. XX ff.

Literaturhinweise

Ausgaben

Fr. Passow, Leipzig 1810
K. Dilthey, Bonn 1874
A. Ludwich, Berlin 1929, (Lietzmanns kl. Texte 98)
E. Malcovati, Milano 1947 (Classici greci e latini 3)

Die älteren Ausgaben siehe unter Textgestaltung!

---

[1]) Die Sage von Hero und Leander in der Dichtung, Berlin 1890   [2]) I pg. 317 ff.
[3]) Der Minnen loep, 1409 v. 119 ff., Ausg. v. Leendertz, Leiden 1845

Übersetzungen

Christian zu Stolberg, 1782 (= München, 1959 Goldmann Verlag)
Fr. Passow, Leipzig 1810
H. Ölschläger, Leipzig 1882
R. E. Ottmann, Leipzig 1888 (Reclam)
A. Zimmermann, Paderborn 1914
H. Ronge, München 1939 (Heimeran)

C. Fr. Heinrich gibt in seiner Ausgabe (Hannover 1793) 28 deutsche Übersetzungen an, *R. E.* Ottmann erwähnt als die wichtigsten bis auf seine Zeit Kütner 1733, Bodmer 1766, Fulda 1795, v. Alpen 1808, Danquard 1809, Buchholz 1858.

Der Dichter Musaios

RE XVI 1, Sp. 767 s. v. Musaios (*R. Keydell* 1933)
L. v. Schwabe, De Musaeo Nonni imitatore, Tübingen 1876
K. Seitz, Die Schule von Gaza, Diss. Heidelberg 1892

Das Werk

Bursians Jhrb. 230, 1931, pg. 123 (*R.* Keydell)
L. Castiglioni, Museo, Ero e Leandro v. 159–173, Boll. filol. class. 27, 1920, pg. 68
A. Koechly, De Musaei grammatici codice Palatino, Tübingen 1865
A. Ludwich, Zu Musaios, Rhein. Mus. 69, 1914, pg. 569
T. W. Lumb, Hero and Leander, Class. Rev. 34, 1920, pg. 165
L. Mader, Zu Musaios' Hero und Leander, Berl. phil. Wochenschrift 40, 1920, pg. 106
E. Merone, Luci ed ombre nel poemetto di Museo, Giorn. It. fil. 5, 1952, pg. 136
E. Merone, Due note su Museo, Napoli 1953
E. Merone, Omerismi sintattici in Museo, Giorn. It. fil. 8, 1955, pg.299
F. Norwood, Hero and Leander, Phoenix 4, 1950, pg. 9
M. J. E. Patzig, De Musaei grammatici emendatione, Leipzig 1870
A. Scheindler, Metrische und sprachliche Untersuchungen zu Musaios, Zschft. f. österr. Gymn. 28, 1877, pg. 161
E. E. Sikes, Hero and Leander, London 1920
T. O. Sinko, O poemacie Musajosa, Meander 10, 1955, pg. 166
A. Taccone, Ero e Leandro, Atene e Rome, 1922, pg. 60

Der Stoff und sein Nachleben

RE VIII Sp. 909 s. v. Hero (*Sittig* 1913)
Roschers Lexikon der Mythologie II 2 s. v. Leandros (*Weizsäcker* 1897)
Μεγάλη Ἑλληνικὴ ἐγκυκλοπαιδεία XII, Athen 1930, pg. 338 s. v. Ἡρώ (Σ. Γ. Σπεράντσας)

F. Biehringer, Die Sage von Hero und Leander, Globus 89, 1906, pg. 94

L. Castiglioni, Epica Nonniana, Rend. It. Lombard. 65, 1932, pg. 333

M. H. Jellinek, Die Sage von Hero und Leander in der Dichtung, Berlin 890

J. Klemm, De fabula quae est de Herus et Leandri amoribus fonte et uctore, Diss. Leipzig 1889

G. Knaack, Hero und Leander, Festgabe für Fr. Susemihl, Leipzig 1898, »g. 46

F. Köppner, Die Sage von Hero und Leander, Komotau 1894

L. Malten, Motivgeschichtliche Untersuchungen zur Sagenforschung, Rhein. Mus. 93, 1950, pg. 65

Cl. F. Meyer, Der Mythos von Hero und Leander, Petersburg 1858

C. Müller, Literaturblatt f. germ. und roman. Philologie 1891, nr. 1

E. Rhode, Der griechische Roman, 2. Aufl., Leipzig 1900

G. Schott, Hero und Leander bei Musaios und Ovid, Diss. Köln 1957

T. Smerdel, Sur la trace de Héro et Léandre, Ziva Antica 4, 1954, 93

Die Literatur zu den »Weiteren Zeugnissen« unter II ist bei den jeweiligen Erläuterungen angeführt.

Musaios: Textgestaltung

Die in vier Gruppen gegliederten Handschriften sind auf pg. 8 der Ausgaben von Ludwich, auf pg. XXXI bei E. Malcovati aufgezählt; die älteste, B Cod. Baroccianus 50, gehört in das 10. oder 11. Jhdt. und enthält paraphrasierende Scholien. Die frühesten Herausgeber sind 1494 Aldus Manutius in Venedig und etwa gleichzeitig J. Laskaris in Florenz, dann 1507 Egidius Gourmontius in Paris, 1517 die Druckerei des Eucharius Hirschhorn in Köln, 1526 J. Soter in Köln, 1566 H. Stephanus in Paris, 1575 A. Papius in Antwerpen, 1627 Pareus in Frankfurt, 1678 Jak. Rondellius in Paris, 1737 M. Röver in Leiden. Um die Festlegung des Textes wie um die Untersuchung der Abhängigkeitsverhältnisse der Hss. hat sich am meisten A. Ludwich verdient gemacht, dessen zahlreiche Abhandlungen und Aufsätze in seiner Ausgabe pg. 9 aufgezählt sind.

Unser Text beruht im wesentlichen auf *A. Ludwich*, Musaios Hero und Leander, Lietzmanns kleine Texte 98, Berlin 1929, und *E. Malcovati*, Museo Ero e Leandro, Milano 1947. Während Ludwich durch Vergleich mit Wortwahl und Phrase des Nonnos den überlieferten Text weitgehend klären und verbessern wollte, sucht Malcovati konservativer, wenn nur möglich, die Überlieferung zu halten.

a) Konjekturen, die unser Text (zumeist mit Ludwich) gegenüber der Überlieferung aufnimmt:

13 χαλεπαῖς Köchly : χαλεπόν – 17 ἐὰ Lehrs : ἀνα – 18 ξύνωσεν Dilthey : ξυνέηκεν – 23 εἴκελοι Whitford : ἴκελοι – 58 χιονέης … παρειῆς Wernicke : χιονέων … παρειῶν –

69 αὐτῶν Dilthey: ἀνδρῶν – 74 ἄστρον Ludwich: ἄστυ – 83 ὁπάσσαις Manutius-Laskaris: ὁπάσσοις-97 κραδίην Francius: κραδίη – 121 τόσην Imanuel: τοίην-125 ἀλέειν Heinrich: ἀπόειπε – 126 οὐκ ἐπέοικε Dilthey: οὔ σοι ἔοικε – 143 ὑποδρήσσειν Pareus ὑποδρήσσειν-Κυθερείη Ludwich: ἀφροδίτην-146'Αφροδίτην: κυθέρειαν-155 χολωομένης Patzig: χολωσαμένης-161 ἐρευθιόωσανLobeck: ἐρυθιόωσαν-166 δὲ Köchly (δὲ) καὶ – 176 ὥμοι Ludwich: οἴμοι – 176 und 181 εἰς Köchly: ἐς – 188 μούνη Francius: μούνη – 213 ὀψὲ δύοντα Canter: ὀψομαι δύντα – 215 Κύπριδος Dilthey: πατρίδος – 224 φῶς Pareus: φάος – 225 ὁρίσαντες Ludwich: ἀνύσαντες – 227 ἔβη Schwabe: ἐὸν – 244 τοίοις οἱ Ludwich: τοίοισι – 247 ἄζεο Gräfe: λάζεο 25· λεπταλέαις Köchly: λευγαλέης – 264 ἔχρισεν Pareus: ἔχριεν – 267 φιλήτορας Ludwich: φιλήνορας – 270 τ' Manutius: δ' – 272 παρέπεισεν Ludwich: ταῦτ' εἶπεν – 297 τυπτομένην d'Orville: τυπτομένης – 298 ἐφείλκυσε Dilthey: ἐπέκλυσε ve· ἀπέκλυσε – διψάδι Schwabe: διχθάδι – 312 καὶ τότε δὴ Köchly: δὴ τότε – 317 εἰς Dilthey: ἐς – 324 ὀλκῷ Ludwich: ὁρμῇ – 326 ἀνόνητον Gräfe: ἀδόνητον – 333 ἢ δ' ἔτι Laskaris: εἰ δέ τι vel εἴσέτι

b) Beibehaltung der Überlieferung (mit Malcovati) gegenüber Ludwich:

5 νηχόμενον: σμυχόμενον L – 38 'Αφροδίτην: μετ' 'Αθήνην L – 104 ἀγλαΐησιν ἀγγελίησιν L – 124 κέλευθον: κέλευσον Köchly-159 ἐνὶ: ἐο Köchly - 173 ἀποστάζουσα: ἀπαυγάζουσα L – 199 ἀκέσσεται: ἀκείεται Gräfe – 204 πυρὶ παφλάζοιτο: περιπαφλάζοιτο L – 210 ἕνα: τινα Lennep – 217 θυμόν: μοῦνον L – 218 ἡγεμονῆα ἡνιοχῆα Dilthey – 253 ἐξῶρτο: ἐξᾶλτο L – 255 αὐτόματος: αὐτομάτη Dilthey – 276 εὐνὴν: εὐνῇ Gräfe – 327 αὐτόματος: αὐτομάτη Tiedke – 342 καδ δ' ἡρώ: καὶ διερῆ Ludwich

Die Verse 331/32 νείκεσε δ' ἀγριόθυμον ἐπεσβολίησιν ἀήτην· / ἤδη γάρ φθιμένοις μόρον θέσπισε Λεάνδρου sind nur in 4 Hss. erhalten und fehlen in der Mehrzahl; Ludwich, der nach 330 eine Lücke ansetzt, hält sie im Text.

Nach 33, 45, 286 (Gräfe), 297 (Köchly), 321 (Schwabe), 330 (Köchly) setzt Ludwich eine Lücke an.

Die notwendigen Angaben zu den Texten II »Weitere Zeugnisse« s. unter Erläuterungen!

Erläuterungen

Zum Titel: Γραμματικός ist seit der Zeit der Alexandriner der wissenschaftlich tätige Schriftsteller, literatus. Vgl. zur ganzen Frage s. RE VII Sp. 1808 (A. Gudeman, 1912).

Appellatio grammaticorum Graeca consuetudine invaluit, sed initio litterati vocabantur. Cornelius quoque Nepos libello, quo distinguit litteratum ab erudito, litteratos quidem vulgo appellari ait eos, qui aliquid diligenter et acute scienterque possint aut dicere aut scribere, ceterum proprie sic appellandos poetarum interpretes, qui a Graecis grammatici nominentur.
(Cornelius Nepos fr. 60 - Suet. de gramm. 4)

Der Name Grammatiker ist im griechischen Sprachgebrauch aufgekommen; ursprünglich hießen sie Literaten. Auch Cornelius Nepos macht in der Schrift über den Unterschied des Gelehrten vom Literaten die Bemerkung, letzteres sei gewöhnlich die Bezeichnung für solche Schriftsteller, die gewählt, geistreich und gelehrt über irgendeinen Gegenstand zu reden oder zu schreiben verstünden; aber man sollte so eigentlich die Kommentatoren nennen, was bei den Griechen Grammatiker heißt.

Grammaticus circa curam sermonis	Der Grammatiker hat mit der Sprach-
versatur, et si latius evagari vult, circa	pflege zu tun; will er weiter ausgreifen,
historias; iam ut longissime fines suos	mit der geschichtlichen Entwicklung
proferat, circa carmina.	(der Literatur); im weitesten Umfang,
(Seneca ep. 88, 3)	mit der (Interpretation der) Dichtung.

9 Die Lampe soll von Zeus unter die S t e r n e versetzt werden; der Anfang
der sog. Katasterismendichtung liegt zwar schon früh; nach A. Rehm,
Mythographische Untersuchungen über gr. Sternsagen (Diss. München,
1896, pg. 36 ff.), vor dem 5. Jhdt.; aber breit ausgestaltet und beliebt wird
das Motiv erst in der hellenistischen Dichtung. Vgl. zur Frage *M. P.
Nilsson*, Geschichte der gr. Religion II, München 1950, pg. 55.

16 A b y d o s , Stadt Mysiens an der engsten Stelle des Hellesponts, bei
Homer Il. B 837 dem troischen Fürsten Asios gehörig, später von
Milesiern kolonisiert, ist durch Xerxes' Heerschau und Brückenbau bekannt (Herodot VII 34); S e s t o s ist eine thrakische Stadt, von Athen aus
kolonisiert. Die Entfernung beträgt 1350 m.

22 ἀστήρ als Hervorhebung schon in der Ilias Z 401, wo Astyanax ἀλίγκιος
ἀστέρι καλῷ genannt wird. Das unmittelbare Vorbild unserer Stelle ist
Kallimachos, fr. 67 Pf., Akonthios und Kydippe, v. 5 ff. ... ὁ μὲν ἦλθεν
'Ιουλίδος, ἡ δ' ἀπὸ Νάξου ... καλοὶ νησάων ἀστέρες ἀμφότεροι.

31 Aphrodite ist orientalischer Herkunft; nach Herodot I 105 ist ihr Tempel auf K y p r o s eine Filiale des Tempels von Askalon und der Tempel
auf K y t h e r a von den Phöniziern gegründet; daher der Mythos von
der Schaumgeborenen, die sich Kythera näherte und in Kypros an
Land stieg (Hesiod theog. 190).

32 Der T u r m ist Lessing ein Problem geworden: Zerstreute Abhandlungen über das Epigramm (1771), Abschnitt 8.; er ist in der aitiologischen
Sage wohl der Grundbestandteil.

38 K y t h e r a , Insel am Eingang des lakonischen Meerbusens, mit altem
Aphroditekult; s. o. zu 30.

43 A d o n i s , ein schöner Jüngling, der von Aphrodite und Persephone geliebt wurde; daher entschied Zeus, daß er einen Teil des Jahres in der
Oberwelt, einen anderen in der Unterwelt verbringen müsse. Er ist also
die Gottheit der auflebenden und verdorrenden Natur, und zwar orien-
talischen Ursprungs. Adonisfeste wurden in Vorderasien, im hellenistischen Ägypten und in Rom gefeiert. Bekannt sind besonders die Feiern
in Alexandria (vgl. Theokrit eid. XV).

46 H a i m o n i e n , alter Namen Thessaliens nach einem mythischen König
Haimon (Strabo IX 443, Schol. Il. B 681).

48 **Libanon**, Hauptgebirge Syriens, Grenzscheide zwischen Phoinikien und Coelesyrien, bis zu 3000 m hoch; berühmt durch seine Zedern (Strabo XVI 754, Polybios V 45, Tac. hist. V 6).

57 **Weibliche Schönheit**, mit dem Mond verglichen, der alle anderen Sterne erblassen läßt, findet sich schon bei Sappho, fr. 4 D und fr. 98 (vgl. dazu *H. Fränkel*, Dichtung und Philosophie des frühen Griechentums, 1951, pg. 244 A. 21 und *W. Schadewaldt*, Sappho, 1950, pg. 30 und 120). Musaios greift dabei sein Vorbild Nonnos auf (Dionys. X 186, XV 243, XVI 18, 48, XXXIV 40, XXXVIII 122, s. besonders *G. Schott* l. c. pg. 95).

64 **Zu den Chariten** (Grazien) bemerkt Joh. Tzetzes (12. Jhdt. n. Chr.) in den Chiliaden X 518 ff.:

Ἡσίοδος τρεῖς Χάριτας Θεογονίᾳ λέγει	Drei Grazien nennt Hesiod in seinem Götterhandbuch,
τὴν Ἀγλαΐαν, Θάλειαν μετὰ τῆς Εὐφροσύνης·	Aglaia samt Thaleia und dazu noch Euphrosyne;
ἐγὼ δὲ πᾶν ἐπιτερπὲς Χάριτας ὀνομάζω.	Ich aber heiße Grazie, was immer ist erfreulich.
τοῖς καθ᾽ Ἡρώ καὶ Λέανδρόν φησι δὲ καὶ Μουσαῖος	Musaios äußert ähnlich sich in »Hero und Leander«,
περὶ τοῦ κάλλους τῆς Ἡροῦς τάδε κατ᾽ ἔπος λέγων·	wo über Heros Schönheit steht wortwörtlich diese Stelle:
(sequ. v. 63–65 Musaei)	(folgen die Verse 63–65 des Musaios)

74 **Sparta** heißt bei Homer »Land der lieblichen Frauen« (Od. v 412).

75 **Schönheitswettkämpfe** sind alt, vielleicht schon bei Alkaios erwähnt (Pap. Ox. XVIII, 1941 nr. 2165 = Treu, Alkaios, München 1952 pg. 20, vers 17). Malcovati führt Belege für Sparta (Athen. XIII 566 A) Lesbos (Schol. Il. I 129, Anth. Pal. IX 189), Tenedos (Athen. 609 E, 610 A), Eleusis (Athen. XIII 609 F) an; dazu die Literatur (vor allem *Preller-Robert*, Mythologie I, pg. 163 A 3 und 780 A 1, und RE X Sp. 1674 s. v. Kallisteia, *Nilsson* 1917).

94 **Das Auge** als Weg der Liebe ist ein beliebter Topos des erotischen hellenistischen Romans; Belege s. bei Ludwich, der als Ausgangsstelle Platon, Phaidros 251 b nachweist: δεξάμενος γὰρ τοῦ κάλλους τὴν ἀπορροὴν διὰ τῶν ὀμμάτων ἐθερμάνθη (Als er die Ausstrahlung der Schönheit durch die Augen aufnahm, wurde ihm warm ums Herz).

110 **Eos**, pars pro toto für den ganzen Tag gebraucht, findet sich bei Homer z. B. Od. τ 192; vgl. auch Theokrit XII 1, wo es wie bei Musaios v. 192 in der Formel »Nacht und Tag« verwendet wird (τρίτη νυκτὶ καὶ ἠοῖ) kühn sind freilich Festlegungen auf Mittag (μεσάτη Orph. Argonaut 649) oder gar hier auf den Abend.

139 **Vgl. Lukas** XI 27 μακαρία ἡ κοιλία ἡ βαστάσασά σε.

150 Omphale, die Tochter des Iardanos, Königin der Lyder, kauft Hermes den Herakles ab, den dieser auf Befehl des Zeus auf drei Jahre ausbietet, zur Strafe dafür, daß er in Delphi sich am Orakel vergreifen wollte (vgl. Apollodor 2, 6, 3). – Hermes, der Götterbote, trägt den goldenen Stab als Heroldszeichen; der ist aber zugleich ein Zauberstab, der in Gold verwandeln kann (hymn. Merc. 529; Arrian Epict. diss. 3, 20, 12; Cicero, de off. 1, 44, 518; R. Boetzke, Das Kerykeion, Diss. Gießen 1913; M. P. Nilsson, Gesch. d. gr. Rel. I, München 1941, pg. 479). Die Verse 148–152 zitiert Joh. Tzetzes (12. Jhdt.) in den Chiliaden II 736 ff.

153 Atalante, Tochter des Iasos von Arkadien, verlangte, daß ihr Bewerber sie im Wettlauf besiege. Melanion erhielt von Aphrodite drei goldene Äpfel, die er im Laufe fallen ließ; Atalante hob sie auf und erreichte daher das Ziel erst nach ihm (Apollodor 3, 9, 2; Hygin fab. 185). Joh. Tzetzes (12. Jhdt.) geht auf unsere Stelle ein in den Chiliaden XII 940 ff.:

καὶ ταῦτα δὲ συνάγουσα καὶ
    οὕτως ἡττηθεῖσα,
μᾶλλον δὲ τούτου ἔρωτι πολλῷ
    κατασχεθεῖσα
τοῖς καθ' 'Ηρὼ καὶ Λέανδρον ὡς
    ἔγραψε Μουσαῖος,
ἡττᾶται 'Ιππομέδοντι, οὐχ ᾧ
    Μουσαῖος λέγει,
ὡς γράφει δὲ Θεόκριτος οὕτω κατ'
    ἔπος τάδε·

und als sie diese sammelte und so war unterlegen, befiel die Liebe sie noch mehr als bisher zu dem Manne, wie uns Musaios es erwähnt in Hero und Leander. Daß Hippomedon Sieger war, nicht den Musaios anführt, das finden wir bei Theokrit, der wörtlich überliefert:

(Dann folgt Theokr. III 40, wo allerdings der Sieger Hippomenes heißt, wie bei Hygin; dagegen findet sich Hippomedon als Gemahl Atalantes im Schol. Apoll. Rhod. I 769).

213 Vgl. Homer, Od. ε 272 ff.:

...
Πληιάδας τ' ἐσορῶντι καὶ ὀψὲ δύον-
    τα Βοώτην
ἄρκτον θ', ἣν καὶ ἄμαξαν ἐπίκλησιν
    καλέουσιν,
ἥ τ' αὐτοῦ στρέφεται καί τ' 'Ωαρίωνα
    δοκεύει,
οἴη δ' ἄμμορός ἐστι λοετρῶν
    'Ωκεανοῖο.

... die Plejaden behielt er immer im Auge und stets den Bootes, der spät erst hinabsinkt, stets auch die Bärin, die manche auch Wagen benennen: Sie dreht sich immer am nämlichen Ort und schielt auf Orion; und sie nur kennt kein Bad in der Flut des Okeanos ...

(A. Weiher)

220 ἐυστέφανος ist sonst als Beiwort den Unsterblichen vorbehalten; wie oben, reiht Leander damit die Geliebte unter die Göttinnen ein.

249f. Nach Hesiod, theog. 188 ff. fielen die Genitalien des entmannten Uranos ins Meer; aus dem Samen entsprang Aphrodite. So ist sie von

Geburt an mit dem Meere in Verbindung und heißt ποντία, πελαγία, θαλασσία, εὔπλοια, die Wind und Woge beschwichtigt (Lucrez I 6 f.; Anthol. Pal. X 21 γαληναίη); in Hermione hatte sie als Λιμενία ein Tempel (vgl. M. P. Nilsson, Gesch. d. gr. Religion I, pg. 491).

275 Hera als Schützerin der Ehe trägt die Beinamen τελεία (Aischylos fr. 383 N; Plut. quaest. rom. 2 pg. 264 B; besonders aber Aischylos Eum. 214 f. und Arist. thesm. 973 Ἥραν τὴν τελείαν, ἣ κλῆδας γάμου φυλάττει.) und συζυγία (Stob. 2, 7, 3a; Poll. 3. 38). Vergleiche auch die bei Nilsson, l. c. pg. 402 angeführten Kultbräuche!

322 Oreithyia, die Tochter des attischen Stammesheroen Erechtheus; sie wurde vom thrakischen Windgott Boreas nach der sarpedonischen Küste entführt, wo sie ihm die Söhne Zetes und Kalaïs, die Sturmhelden der Argonautensage, gebar (Apollodor. 3, 15, 2; Apoll. Rhod. I 212 ff.).

II. Weitere Zeugnisse

1. Pap. Rylands library nr. 486

Ed. prima *C.H. Roberts*, Catalogue of the Greek Papyri in the John Rylands Library, Manchester, III 1938 nr. 486, pg. 98 plate VI – *R. A. Pack*, The Greek and Latin literary texs from Greco-Roman Egypt, Michigan Press 1952, Nr. 1411 – *Br. Snell*, Gnomon 15, 1939, pg. 540 – *U. Körte*, Archiv f. Pap. Forschung 14, 1941, pg. 105 – *A. Colonna*, Stud. Ital. 22, 1947, pg. 231 – *G. Pasquali*, ebda pg. 259 – *D. L. Page*, Select Papyri III - Literary Papyri, London 1950, nr. 126, pg. 512 – *L. v. Malten*, Rhein. Mus. 93, 1950, pg. 66 – *G. Schott*, Hero und Leander bei Musaios und Ovid, Diss. 1957, pg. 58.

Der Papyrosfetzen stammt aus dem ersten Jhdt. n. Chr. Leander ist zwei-mal angesprochen; das verweist das Bruchstück in unseren Mythos. Auch der Abendstern steht im Vokativ. Wer redet? Und welches ist die Situation? Davon hängt alle inhaltliche Deutung ab. Beides bleibt unbeantwortet. Wer geht im Vers 3 unter? Im Vers 4 will jemand nichts anderes als Leander sehen; das ist wohl Hero. Dann wird wohl vorher gewünscht, die Nacht möchte hereinbrechen, wie bei Musaios v. 231 und v. 287.; dazu müßten der Abendstern aufgehen, wie v. 111., und die Sterne heraufreiten. Aber schon drei Verse weiter schwindet etwas dahin (die Leuchte? Leanders Kräfte?); woher so schnell die Katastrophe? Oder ist es die Braut, hin-schmelzend in Liebessehnsucht? Sicherheit läßt sich nirgends gewinnen. So seien die beiden gegensätzlichen Rekonstruktionen hergesetzt, wie sie G. Schott ausführlich anführt und kommentiert:

3r. Snell

μή ... λ]εύσητε, γένοισθε δὲ τυφ[λοί
Φοῖβε ... τ]αχινὸς καταδύνεο †μενον[
]Λάανδρον ἰδεῖν μόνον ἦδα[νεν· Ηροῖ·
τὸν δ' ὥς μ' ἀ]ντιλάηι, πάλιν Ἔσπερε,
λάθρ[' ἄγε δεῦρο.
τέμψουσίν σε, Λέ]ανδρε, καὶ ἄστερες
ἱππευ[τῆρες,
ιl καὶ ἐπιφθονέ]ει νὺξ οὐρανὸς
ἠέλιο[ς γῆ.
. . . .
«ἴψα μόλοις, Λάανδρο]ε, τέτηκε γὰρ
ἀ[μφί σε νύμφη.
]δη νῦν Φα]έθων τηλεσκόπος ἔρπ' ἐ[πὶ
πόντον.

Strahlen der Sonne
leuchtet nicht, werdet blind,
      Phoibos, gehe unter!
   Leander zu sehen nur gefiel Hero;
den führe, damit er mich erblickt,
      wieder, Abendstern, heimlich her!
Geleiten werden dich, Leander, die
      reitenden Sterne,
wenn auch Nacht, Himmel, Sonne,
      Erde es mißgönnen.
. . . .
Komm rasch, Leander, hingeschmolzen
      ist um dich deine Braut.
Strahlende Sonne, weithinblickende,
      verziehe dich ins Meer!

D. L. Page

[ἀστέρες ...
ἰντομένηι ν]εύσαιτε, γένοισθε δὲ
τυφ[λοί.
ϰήνη, σὸν τ]αχινῶς καταδυνόμενον
[φάος ἔρροι.
ὣς φάτ', ἐπεὶ]Λάανδρον ἰδεῖν μόνον
ἤνδα[νε θυμῶ.
καὶ σὺ τότ' ἀ]ντιάαις· πάλιν, Ἔσπερε,
λάθρ[ιος ἔρποις
ὧδ' εὔχητι Λάα]νδρε, καὶ ἄστερες
ἱππευ[όντων
πάντες, ὅπως σκοτάσ]ει νὺξ οὐρανὸς
ἠέλιο[ς γῆ.
δαίμονι πάντα δι]δοὺς ὁπλίζεαι ἐν
περ [ὀλέθρου
οὐδῶι, καρτερόθυμ]ε Λάανδρε· τέτηκε
γὰρ αἰνῶς
λύχνος ὁ πρὶν φα]έθων τηλεσκόπος·
εἶπε [

»Sterne
nicket mir Betenden Gewährung,
      werdet unsichtbar!«
Mond, schnell sinkend möge sich
      dein Licht verziehen!«
So sprach sie, denn nur Leander zu
      sehen gefiel ihrem Sinn.
Auch du betetest da: »Wieder, Abend-
      stern, mögest du verschwinden!«
so betest du, Leander »und alle Sterne
      sollen davonreiten,
damit Nacht, Himmel, Sonne, Erde
      sich verdunkle!«
Deinem Geschick alles anheimstellend
      rüstest du dich noch an des Verder-
      bens
Schwelle, kühner Leander. Denn
      geschmolzen ist, schrecklich,
die Leuchte, die früher weitblickend
      strahlte ...

Ein hellenistisches Gedicht also; doch in seiner knappen Formulierung
wohl kaum das Hero–und–Leander–Epos, das wir als Ursprungsfassung und
Vorbild Ovids und Musaios' uns wünschen.

3. Vergil

Vergil spricht von der Macht der Liebe, die allen Geschöpfen die Besin-
nung raubt. – Der letzte Satz des Scholions stammt wahrscheinlich von
Junius Filargirius (5. Jhdt. n. Chr.); so ist seine geistreiche Bemerkung eine
Vermutung und ohne Beweiskraft. Servius, ein Grammatiker des 4./5. Jhdts.,
hat Kommentare zu Vergil verfaßt. Sein Werk wurde dann durch Zuwachs
im Laufe der Jahrhunderte erweitert, aber auch aufgeschwemmt.

4. Horaz

Der Adressat Julius Florus begleitete den Prinzen Tiberius Claudius Nerc im Herbst 21 v. Chr. nach dem Osten; Horaz erkundigt sich nach dem Ergehen. – Der Hebrus ist die heutige Maritza; der Fluß war wegen seiner Kälte nahezu sprichwörtlich.

5. Antipatros von Thessalonike

Zu Anth. Pal. IX 215.

Auf dem Grabstein der Kleonike. Dyrrhachion, früher Epidamnos genannt, ist die bekannte Stadt am Adriatischen Meer, heute Durazzo. Helle, die Tochter des Athamas, floh mit ihrem Bruder Phrixos auf einem Widder mit goldenem Vlies vor der Stiefmutter und stürzte in den nach ihr benannten Hellespont ab. – Antipatros von Thessalonike heißt auch ›der Makedonier‹.

6. Ovid

Zu den Heroiden:

J. Braune, Nonnos und Ovid, Diss. Greifswald 1935. – *G. Dilthey*, Observationum in epistulas Ovidianas pars I, Göttinger Lekt. Verz., 1884, pg. 85 – *R. Heinze*, Ovids elegische Erzählung, Abhandlung sächs. Akad., 1919 – *W. Kraus*, Die Briefpaare in Ovids Heroïden, Wien. Stud. 65, 1950, pg. 54 – *A. Palmer*, P. Ovidii Heroides, Oxford 1898. – *W. Schmitz-Cronenbroeck*, Die Anfänge der Heroïden des Ovid, Diss. Köln 1937. – Zu Ovids Dichtung im Allgemeinen: RE XVIII Sp. 1910 s. v. Ovidius Naso (*W. Kraus* 1942) und *H. Fränkel*, Ovid, a poet between two worlds, Berkeley, 1945.

Leander an Hero

39 Boreas: der Nordwind; s. oben zu Musaios v. 322.

46 Aiolos, der Windgott, Sohn des Hippotes, ist bekannt durch die Odyssee κ 1 ff. und Vergil, Aen. I 52 ff.

48 Die Sage von Daidalos und Ikaros s. Hygin. fab. 40 und Ovid met. VIII 182 ff.; das Ikarische Meer ist der südöstliche Teil des aigaiischen Meeres um die Insel Ikaros, die westlich von Samos zu den Sporaden gehört (Homer Il. B 145; Herodot VI 95).

62 Der Berg Latmos in Karien, östlich von Milet, ist die Hochzeitsstätte der Selene und des Endymion (Apollodor 1, 7, 5; Pausanias V 8, 1; Cicero Tusc. I 38, 92).

74 Cynthia heißt Diana als Mondgöttin, da sie auf dem Berge Kynthos auf Delos geboren ist (cf. Kallimachos, hymn. Del. 10; Horaz c. III 28,12).

81 Keyx, König von Trachyne, ertrank auf der Fahrt nach dem klarischen Orakel; seine Gemahlin Alkyone stürzte sich von einem Felsen auf seine Leiche; die Götter verwandeln beide in Eisvögel (Ovid met. XI 410 ff.).

11 Tithonos, Sohn des Laomedon, ist Gemahl der Eos; Zeus schenkt ihm auf ihre Bitte ewiges Leben; da sie vergaß, um ewige Jugend zu bitten, schrumpfte er zur Zikade zusammen (Schol. Apoll. Rhod. III 158; hym. Aphrod. 218; Hesiod theog. 984; Apollodor. 3, 12, 4). Lucifer (Phosphoros), Stern der Venus als Morgenstern (Hom. Il. Ψ 226; Vergil georg. I 288; Ovid met. II 115).

17 Zu Helle und Phrixos s. oben 5. Antipatros von Thessalonike.

37 Helle ist die Tochter des Königs Athamas von Orchomenos.

49 ff. Helike, Tochter des Lykaon = großer Bär; Arktos = kleiner Bär; Tyros gilt als Hauptstadt Phönikiens; die Phöniker gelten als Erfinder der Schiffahrt. Andromeda, Tochter des Kepheus = Sternbild südlich der Kassiopeia; die Krone der Ariadne, östlich vom Bootes; Parrhasia in Arkadien ist die Heimat der Kallisto, der großen Bärin; Ariadne war die Geliebte des Dionysos (Liber), Perseus liebte Andromeda, Zeus Kallisto.

57f. Kolchis im Osten des Pontos ist das Ziel der Argo, die von Thessalien ausfuhr.

59 Palaimon heißt Melikertes, der Sohn des Athamas und der Ino, als Meergott (Apollodor 3, 4, 3; Hygin fab. 2; Ovid met. IV 520 ff.);

60 Glaukos, ein Fischer zu Anthedon in Boiotien, sah, wie halbtote Fische durch ein Kraut lebendig wurden, tat ihnen nach und sprang ins Meer, worauf er ein Meergott wurde (Athen. VII 48, Ovid met. XIII 924ff.; Paus. IX 22, 6; Servius ad Verg. georg. I 437).

66 Olympia liegt im Gebiete von Elis.

82 Anspielung auf die Strafen des Tantalos.

187f. Der Untergang der Plejaden, des Bärenhüters (Arctophylax) Bootes und der Ziege Amalthea (Capella) – sie heißt nach Strabo VIII 387 olenisch nach dem Ort Olene in Elis, oder, weil ihre Herrin Amaltheia die Tochter des Olenos war (Theon zu Arat 64), oder, weil ihr Stern auf dem Ellenbogen (ὠλένη) des Bootes liegt – bedeutet den Anbruch der Winterszeit.

Hero an Leander

32 Helles Meer = Hellespont; s. oben unter 5. Antipatros von Thessalonike.

123 f. Die Mutter Helles ist Nephele, die in eine Wolke verwandelt wurde; die Stiefmutter Ino, die als Meergottheit Leukothea heißt.

130 ff. Amymone, Tochter des Königs Danaos; ihr zuliebe ließ Poseidon einen Quell in Argos entspringen (vgl. Aischylos' Satyrspiel, das den Abschluß der Danaidentrilogie bildete; Apollodor 2, 14; Hygin fab. 169). Tyro, Tochter des Aiolossohnes Salmoneus (Homer Od. λ 235 Apollodor 1, 9, 8.). Alkyone, eine der Plejaden (Apollodor 3, 10, 1 Hygin fab. 157), ebenso Kelaino (Apollodor 3, 10, 1). v. 133 laute in den Hss. ceuceque et aucone (celiceque et aueone) nata; corr Heinsius. Kalyke, Tochter des Hekaton (Hekataion?), Mutter de Kygnos (Hygin fab. 157; Schol. Theokr. XVI 49; Schol. Pind. O II 147). Medusa, eine der Gorgonen, Mutter des Chrysaor und Pegaso (Hesiod theog. 278 ff.). Laodike, eine der Töchter des Priamos ihre Verbindung mit Poseidon ist sonst nicht bekannt.

148 Odysseus hatte Poseidons Sohn Polyphem geblendet; dessen Haß bildet eines der Grundmotive der Odyssee.

164 Zu Phrixos und Helle, seiner Schwester, vgl. 5. Antipatros von Thessalonike.

175 Iason versammelt die Argonauten in der Stadt Pagasai in der thessalischen Landschaft Magnesia und baut dort die Argo, mit der er nach Kolchis ins Schwarze Meer fährt und das goldene Vlies sowie Medea das Mädchen vom Fluß Phasis, mit nachhause nimmt.

177 Paris, vom Berge Ida bei Troja kommend, raubte Helena aus Lakedaimon.

Zu Tristia

Ovid spricht von seiner Verbannung nach Tomis, dem heutigen Constanza, am Schwarzen Meer, wo der Ister (Unterlauf der Donau) zufriert.

Zu Ibis

Ein Verwünschungsgedicht gegen einen uns unbekannten treulosen Freund es ist nach dem Vorbild des Kallimachos mit dem Namen des »unreinen« Vogels Ibis betitelt.

9. Silius Italicus

Rhoeteisches Vorgebirge, felsiger Küstenpunkt am südlichen Eingang des Hellespont, heute Kap In-Tepe. – fervĕre, alte poetische Nebenform zu fervere.

10. Statius

Zu silvae I 2

Aus dem Hochzeitsgedicht auf Stella und Violentilla; der Sprecher ist der Gott Eros.

Zu silvae I 3

An das Landhaus des Manilius Vopiscus in Tibur. Der Anio, der am Hause vorbeifließt, ist zwar weniger berühmt als der Hellespont, aber dafür ruhiger und ohne Stürme.

Zu Thebaïs VI 542

Adrast übergibt dem Admet als Siegespreis bei den Leichenspielen zu Ehren des Archemoros zu Nemea eine Chlamys, auf der Leander und Hero eingestickt waren.

11. Martial

Spect. liber 25 a und b

Epigramm 25b bezieht sich, wie unten XIV 181, auf eine bildliche Darstellung; daher auch der gleiche Gedanke. 25a dagegen setzt eine Vorführung voraus, die Titus im Amphitheater veranstaltete.

12. Fronto

Der Brief ist an Mark Aurel gerichtet; es ist wohl von pantomimischen Vorstellungen die Rede.

13. Hippolytos

Hippolytos zählt berühmte Liebende auf (Paris, Narkissos, Ganymedes, Endymion, Tithonos, Ikarios, Leda, Amymone, Thetis, Hesperiden, Iason, Leander und Hero), die nach gnostischer Lehre Abbilder des orphischen Eros darstellen.

14. Vespa

Der Koch hebt die Bedeutung seiner Kunst dadurch hervor, daß er jedem Gott und Heros das liefern und vorsetzen kann, was dieser besonders benötigt.

15. Ausonius

Zur Mosella

Vergleich zwischen dem Hellespont und den Schönheiten der Mosel.

Zum »gekreuzigten Cupido«

Im Vorwort »Ausonius Gregorio filio sal.« heißt es:

Treveris quippe in triclinio Zoili fucata est pictura haec: Cupidinem cruci adfigunt mulieres amatrices, non istae de nostro saeculo, quae sponte peccant, sed illae heroicae, quae sibi ignoscunt et plectunt deum.	In Trier im Speisesaal befindet sich folgendes Fresco: Den Gott Eros schlagen liebende Frauen ans Kreuz, nicht aus unserer Zeit, die ja aus eigener Schuld sündigen, sondern Heroïnen, die sich selbst verzeihen und dafür den Gott strafen.

16. Sidonius Apollinaris

Eros zählt die Vorzüge des Bräutigams auf, für den alle Heroïnen schwärmen würden.

17. Fulgentius

Sulpicilla, Kosenamen für Sulpicia, die dichterisch tätige Gattin des Calenus z. Z. des Domitian, der Martials epigr. X 35 und 38 gelten; in letzterem Gedicht v. 6 f.:

o quae proelia, quas utrimque pugnas	Was für Kämpfe und Ringen zwischen beiden
felix lectulus et lucerna vidit ...	sah das glückliche Lager und die Lampe!

Zur Dichterin Sulpicia s. *M. Schanz – C. Hosius*, Gesch. d. r. Literatur II, München 1935, pg. 560, und RE IV neue Reihe, Sp. 880 s. v. Sulpicia nr. 115 (*W. Kroll* 1932) – Psyches Geschichte ist bekannt durch das Märchen »Amor und Psyche« des Apuleius. Psyche betrachtet den ihr unbekannten schlafenden Geliebten im Scheine der Lampe – was ihr verboten war – und verliert ihn dadurch. – Fedriam ist unerklärlich.

20. Luxorius

Die Zuweisung an Luxorius (s. *M. Schanz – C. Hosius*, Gesch. d. r. Lit. IV, München 1920, pg. 729) bleibt problematisch.

21. Mythographi Vaticani

Die drei sog. Myth. Vat., zuerst von A. Mai nach Hss. des Vaticans veröffentlicht, hgg. als Scriptores rerum mythicarum latini tres von *G. H. Bode*, Celle 1834. Der erste fällt mindestens nach Orosius und wurde von Mai ins 5. Jhdt., von anderen Gelehrten bis ins 9. Jhdt. verlegt. Myth. II fällt mindestens nach Isidor, Myth. III wird vielfach mit dem Poetarius Alberici (9./10. Jhdt.) identifiziert. Prof. B. Bischoff teilte mündlich mit, daß er alle

drei ins 12. Jhdt. verlegen würde. (Literatur: *M. Schanz – C. Hosius*, Gesch.
d. r. Lit. IV, München 1920, pg. 242; *M. Manitius*, Gesch. d. lat. Literatur
des Mittelalters II, München 1923, pg. 656).

22. Leon Philosophos

Das Gedicht ist ein Cento, d. h. es ist aus Versen der Homerischen Epen
zusammengesetzt: Od. ω 82; Il. B 514; Z 373; Od. τ 34; β 351; η 276 +
561; Il. Ω 363; Od. ε 402; ξ 93; Il. X 128; Ξ 296; B 836 – Arisbe, Ort in
der Nähe von Abydos; in der Ilias sind die drei Städte Besitz des Asios.

23. Myth. Vaticanus II

Vgl. dazu oben 3. Vergil, Schol. Servius zu georg. III 258.

24. Myth. Vaticanus III.

Vgl. dazu oben 17. Fulgentius!

25. Balderich

Literatur: *M. Manitius*, Gesch. d. lat. Literatur des Mittelalters III,
München 1931, pg. 883 ff. (»Das Gedicht sieht wie eine Schulübung aus«).
Zur Textgestaltung: Die Ausgabe von *Ph. Abrahams*, Les oevres
poétiques de Baudri de Bourgueil, Paris 1926, (Gedicht) CCXVI Fragment
sur la mythologie, enthält viele Unklarheiten und Druckfehler. Freundlicher-
weise hat *Dr. Karl Bayer* daher für diese Ausgabe den Cod. Vatic. Reg. 1351,
s. XII (Petavianus), p. 124 ʳ – 125 ᵛ eingesehen und den Text neu konstituiert.

Scriptura continua saepe sive falso adhibita sive neglecta (velut inequoreis 959, post
posuisse 983), *voces denique minus ad nostram consuetudinem significatae (velut* grecia
1046, nichil 967, littus passim etc.) *non commemorantur. Vestigia manus secundae obser-
vabis in v.* 955 (tantundem corr. ex tatundem), *v.* 977 (rettulit ex retulit), *v.* 1003
(de te *supra lineam inseruit*). – Hero *varie scribitur;* hero (abl.) 954 (in margine); ʰ ero
apposito spiritus asperi signo (nom.) 954, 972, 978; (dat.) 1019; ero sine spiritus signo
(nom.) 1022, 1028, 1031.
Apparatus: 954 *in margine titulus* de hero et leandro – 959 errat – 966 leuiare *(sic)* –
973 sustinuit – 974 tardauit – 975 tranaba – 979 nam: *fortasse* num – 981 iam: *initialis
dubia* – 989 tandem ||| uulnus *(rasura)* – 991 qui ppans aderat – 1004 ipse times times –
1011 influiis – 1012 undis – 1021 nunquā *(ceteris locis* nūquā) – 1030 areleander *(maius-
cula initialis rasura deleta est)* – 1031 nfelix *cf.* 1030 – 1032 saltim – 1033 *et* 1035 ꜧ *(mihi)* –
1036 fefelit – 1039–43 *litterae partim depravatae:* 1039 extremu – 1040 ||| atus *(flatus)* –
1041 iu|cta *(iuncta) littera* n *atramento deleta* – 1043 seq; *(seque) membrana perforata* –
1048 humo *(sed* 1050 homo) – 1051 in mundo ex inmuncio (?) *corr. manus secunda.*

26. Marcus Valerius

Text: *P. Lehmann*, Miscellanea Giovanni Mercati, Vatikan 1946, pg. 1; Marci Va-
lerii bucolica ed. *Fr. Munari*, Firenze, 1955.

»Woher der Schreiber ... diesen Namen genommen hat, ist unklar; wahrscheinlich ist er nichts als eine unzeitgemäße Reminiscenz an einen römi-

schen Autor‹ ›Es scheint mir am allermeisten das 12. Jhdt. und seine huma-
nistisch-antikisierende Strömung in Frankreich für die Bucolica zu passen‹
(Lehmann). – Die Handschriften sind in Gotha (cod. membr. II 125, 13. Jhdt.)
und in Erlangen (Univ. Bibl. Papierhs. 633, 16. Jhdt.; eine Abschrift des
Gothanus).

Unser Text hält sich im wesentlichen an Lehmann – Munari. 54 hoc *Mun.*: hec *codd*. –
60 tumidas *Timpanaro*: timidas *codd*. – 61 litus: littus *codd*. – 62 ah *Lehmann*.
ha codd. – 63 gaudia mensus: mensus *G et in margine E*, mensis *E*, mersus *Timpanaro* –
64 praevertit *Voit*: pervertit *codd*. – propius: proprius *codd*.

Phoibos Apollo singt auf Wunsch des Pan und der Nymphe N a p e a diesen
ein Lied; er beginnt mit einem naturwissenschaftlich-philosophischen
Lehrgedicht über Mensch, Tier- und Pflanzenwelt und die Beseelung des
Menschen. Dann geht er, der Nymphe zuliebe, auf Mythen, besonders auf
solche erotischen Inhalts über. Dabei sind in unserem Abschnitt die Vorbilder Ovids Heroïden und für die Verse 58–60 Vergil.

27. Niketas Eugenianos

Text: Scriptores erotici Graeci II, pg. 515 Hercher. Niketas Eugenianos ist
der letzte der griech. Romanschreiber; er übernimmt und überarbeitet
mehrfach längere Partien älterer Literatur für sein Werk.

28. Antoninus Volscus

ist der Herausgeber einer Inkunabel der Heroïden des Ovid im Jahre 1484.
Daß Philostratos von ihm als Zeuge aufgeführt wird, muß wohl ein Versehen, wahrscheinlich sogar eine Verwechslung mit Musaios sein.

29. Markos Musuros

Begleitgedicht der Ausgabe des Aldus Manutius 1494. Musuros lebte
1470–1517. Der Text ist nach Bibliographie Hellenique I, ed. *E. Legrand*,
Paris 1885, pg. 20 wiedergegeben.

30. Demetrios Dukas

Begleitgedicht einer Ausgabe von 1514. Text nach *E. Legrand*, l. c. pg. 121.

31. Die Königskinder

Deutsche Volkslieder, hgg. vom Deutschen Volksliedarchiv, Bd. I,
Berlin, 1935, pg. 197 ff. Das Wasser trennt die Liebenden, der Jüngling
durchschwimmt es, das Mädchen steckt auf der Burg (Turm) ein Licht
(Kerzen) aus. Der Wind (eine böse Nonne) löscht es aus, der Jüngling er-
trinkt. Dann folgen Varianten, z. B. Gespräche mit den Eltern, mit einem
Fischer, der die Leiche birgt. Aber zuletzt springt das Mädchen ins Meer. –

Dazu bietet das Volksliedarchiv pg. 204 ff. zahllose Belege aus allen deut-
chen Gauen, ferner Dänemark, Livland, Estland, Schweden, Polen, Ungarn,
Ukraine, Slovenien, Piemont, Engadin, Katalonien.

Literatur: *J. Sahr*, Die Schwimmersage, Beilage Leipzig. Zeitung 1907, pg. 30;
. *Rosenmüller*, Es waren zwei Königskinder, Diss. Leipzig 1917; *H. Kommerell*, dto.,
Diss. Tübingen 1931; *K. Dieterich*, Die Volksdichtung der Balkanländer in ihren
gemeinsamen Elementen, Zeitschrift des Vereins f. Volkskunde Berlin, 2, 1902, pg. 145.

2. a) Oxyrh. pap. VI Nr. 864

Dazu *U. Körte*, Archiv für Papyrosforschung VI pg. 235 nr. 449. Körte
stellt fest, daß der Papyrosfetzen des 3. Jhdts. n. Chr. ein Florilegium aus
literarischen Texten bietet. Die von ihm unserem Mythos zugewiesenen
Verse sind tragische Trimeter, aber in Prosa geschrieben. Er hält sie für einen
Botenbericht über das Schicksal der Hero, die am tosenden Meer die Leiche
findet. Nun weist allein ›hellespontisch‹ in unsere Richtung; da aber eine
Tragödie eines solch ungewöhnlichen Mythos an sich sehr unwahrschein-
lich ist, auch jegliche Spur einer ähnlichen Dramatisierung fehlt und viele
tragische Stoffe sich am Hellespont abspielen können, hat Malcovati, einig
mit allen anderen Gelehrten, diese unsichere Spur einer Behandlung unserer
Sage nicht aufgenommen.

b) Plinius XXXV 94

Außer ›heroa nudum‹ ist keinerlei Zusammenhang zum Heromythos
vorhanden; damit entfällt auch jeder Bezug zu einem angeblichen Gemälde
des Apelles, das auch *Sittig*, RE VIII Sp. 913 als ›niemals existierend‹ bezeichnet.

NACHWORT

Die Aufgabe, die ich mir gestellt hatte, war, die gesamte Überlieferung des Mythos ›Hero und Leander‹ in Urtext und Übersetzung dem Leser so vorzulegen, daß dieser sich selbst durch Vergleich ein Bild mache von dem Ursprung und den ersten Stufen einer Sage, die, volkstümlich und in höchster Kunst, in die Weltliteratur eingegangen ist. Die Übersetzung mußte daher notgedrungen sich so eng als möglich an das Original halten. Deshalb mußte auch auf H. Ronges Umdichtung verzichtet werden; denn sein Werk stellt eine eigenständige Nachdichtung hohen Ranges dar, entfernt sich aber, vom poetischen Schwung mitgerissen, an allzuvielen Stellen so weit vom Urtext, daß diese Verdeutschung für unsere Zielsetzung nicht mehr auswertbar wäre. Freilich verdanke ich ihm ebenso wie den auf Seite 9 genannten Übersetzungen von Passow, Ölschlager, Ottmann und Zimmermann manche Anregung im Ausdruck und in der metrischen Formung. Ich bemühte mich, so wörtlich zu bleiben, als es irgendwie noch vertretbar war; einige barocken Eindeutschungen mag der Leser verzeihen. Musaios' Diktion ist nicht minder barock und gesucht in der Nachfolge seines geistigen Lehrers Nonnos. Als zeitliche Begrenzung in der Zusammenstellung der Zeugnisse galt das in lateinischer und griechischer Sprache gestaltete Nachleben des alten Mythos; so mußte das Mittelalter noch einbezogen werden.

Hilfe wurde mir reichlich zuteil; vor allem danke ich Herrn Staatsbibliotheksdirektor Dr. W. Hörmann und den Herrn Assistenten des mittellateinischen und byzantinischen Seminars in München, Herrn Dr. Brunhölzl und Dr. Hohlweg. Ein treuer und kundiger Helfer in mancherlei Nöten war mein Freund Dr. Karl Bayer.

München, Ostern 1961

Hans Färber

INHALT

TUSCULUM BÜCHER

Griechische Lyrik

ANTHOLOGIA GRAECA

Griechisch-deutsch ed. H. Beckby
Bd. 1: 676 Seiten   Bd. 2: 608 Seiten
Bd. 3: 830 Seiten   Bd. 4: 752 Seiten
Dünndruck. Die 4 Bände in Leinen insgesamt DM 97.50

ARCHILOCHOS: SÄMTLICHE FRAGMENTE

Griechisch-deutsch ed. Max Treu
1. Auflage 1959. 264 Seiten. Leinen DM 11.50

SAPPHO: LIEDER

Griechisch-deutsch ed. Max Treu
5. Tausend 1958. 252 Seiten. Leinen DM 10.80

ERNST HEIMERAN VERLAG · MÜNCHEN

www.ingramcontent.com/pod-product-compliance
Lightning Source LLC
Chambersburg PA
CBHW070336100426
42812CB00005B/1344